- 山东省自然科学基金资助项目（ZR2023QG056）
- 山东省社会科学规划研究项目（23DRWJ04）
- 山东省高等学校"青创科技支持计划"团队
    ——山东省绿色低碳一体化发展创新团队（2023RW061）
- 国家自然科学基金项目（71572149）

中国上市公司终极控制权与违规行为研究

王 敏 徐 鹏 ◎著

中国财经出版传媒集团

经济科学出版社
Economic Science Press

·北京·

图书在版编目（CIP）数据

中国上市公司终极控制权与违规行为研究／王敏，
徐鹏著 . -- 北京 ： 经济科学出版社，2024.8. -- ISBN
978 - 7 - 5218 - 6146 - 4

Ⅰ. F279. 246

中国国家版本馆 CIP 数据核字第 2024BB7116 号

责任编辑：周国强
责任校对：李　建
责任印制：张佳裕

中国上市公司终极控制权与违规行为研究

ZHONGGUO SHANGSHI GONGSI ZHONGJI KONGZHIQUAN YU WEIGUI XINGWEI YANJIU

王　敏　徐　鹏　著

经济科学出版社出版、发行　新华书店经销
社址：北京市海淀区阜成路甲 28 号　邮编：100142
总编部电话：010 - 88191217　发行部电话：010 - 88191522
网址：www. esp. com. cn
电子邮箱：esp@ esp. com. cn
天猫网店：经济科学出版社旗舰店
网址：http：//jjkxcbs. tmall. com
北京季蜂印刷有限公司印装
710×1000　16 开　14 印张　210000 字
2024 年 8 月第 1 版　2024 年 8 月第 1 次印刷
ISBN 978 - 7 - 5218 - 6146 - 4　定价：78. 00 元
（图书出现印装问题，本社负责调换。电话：010 - 88191545）
（版权所有　侵权必究　打击盗版　举报热线：010 - 88191661
QQ：2242791300　营销中心电话：010 - 88191537
电子邮箱：dbts@ esp. com. cn）

前　言

中国资本市场自1990年正式建立以来迅速发展，上市公司数量不断地增加，多层次的资本市场已经建立。频繁的制度变迁和有待完善的监管规则给不法企业留下了许多漏洞。尽管一系列法律，例如《证券法》《股票发行与交易管理暂行条例》《会计法》等，已经制定或修订来应对这一问题，但上市公司违规行为从未中断，且违规的频率和严重程度也在不断增加，这严重扰乱了市场秩序，损害了投资者的利益。因此，如何有效约束上市公司的违规行为，已经成为国内外学者和监管部门关注的焦点问题。

根据舞弊三角理论可知，公司违规行为的发生是动机、机会和自我合理化这三大要素共同催化的结果，三者缺一不可。显然，公司和监管部门难以消除公司违规动机，但是可以通过制度的设计减少违规的机会，因此现有文献主要从公司内外部治理的视角探讨了公司违规的影响因素。但是基于公司治理理论及相关经验文献，不难发现，公司违规行为显然首先与其股权结构存在明确的因果关系，同时受到治理环境的影响（何杰和王果，2013）。与西方股权高度分散的情况不同，中国上市公司股权相对集中，部分学者已经注意到了中国这种特殊的股权结构对上市公司违规行为的影响（Chen et al.，2006；陈国进、赵向琴和林辉，2005；唐跃军，2007；王敏和何杰，2020）。然而，这些研究主要集中在第一大股东控制权对公司违规的影响上。事实上，按照公司治理理论，终极控制人才是上市公司真正的决策主体，公司第一大股东的行为是由终极控制人控制的（王果，2014）。因此，从终极控制权的角度，可以更准确、更全面地分析股权结构对公司违规的影响。此外，对于终极控制权的测量，学术界普遍采用由拉波塔等（La Porta et al.，1999）建立的经典方法，即 WLP 方法，但这是一种没有理论支撑的衡量方法，因此应用时存在一些潜在的严重问题（Edwards and Weichenrieder，2009）。另外，现有文献忽略了治理环境对终极控制权与公司违规之间关系的影响，但终极控制权对公司违规的影响和作用一定是在特定的治理环境下展开的，因此在分析终极控制权对公司违规的影响时，应该考虑公司治理环境的调节作用。进一步，现有文献关于公司治理环境的研究，往往只关注公司内部治理机制，而忽略了公司外部治理机制。要解决因信息不对称导致的委托代理问题，不仅需要科学规范的内部治理机制，还需要充分发挥监督治理作用的外部治理机制，这两者是相互补充的，缺一不可。因此，本书在探讨治理环境对终极控制权与公司违规行为关系的影响时，将系统考虑各种机制的调节效应。

夏普利权力指数提供了关于拥有特定投票权的选民决定投票结果能力的衡量，不仅考虑了获胜所需的总体比例，而且还考虑了其他选民投票权的分配（Felsenthal and Machover，1998），这为控制权的衡量提供了自然的基础（Leech，1988，2002；Edwards and Weichenrieder，2009）。基于此，本书借鉴以政治学政治博弈视角下的夏普利权力指数方法（Shapley and Shubik，1954），重新测量中国上市公司的终极控制权，在此基础上，从终极控制人的角度，根据委托代理理论，分析终极控制权与公司违规行为的关系，及公司内外部治理机制对两者关系的调节作用。重点利用 2013~2018 年中国主板市场上市公司的数据，本书发现现阶段终极控制权的集中对公司违规行为具有显著的抑制作用。具体而言，终极控制权越大，公司违规的可能性就越小。进一步，本书考察了终极控制权对具体的公司违规特征的影响，发现终极控制权对不同主体、不同类型、不同严重程度的公司违规行为均具有抑制作用。另外，本书考察了公司内外部治理机制对终极控制权与公司违规行为之间关系的影响，发现公司内外部治理机制对终极控制权的抑制作用产生了一定的调节作用，具体表现为，随着公司内部治理机制（董事会规模、独立董事比例、监事会规模、管理层持股）及外部治理机制（分析师关注度、是否聘请高质量审计师、产品市场竞争程度）的完善，终极控制权对公司违规行为的抑制作用减弱。最后，本书进行了一系列的稳健性检验，进一步证实了研究结论的有效性：①为缓解可能的样本选择偏差（违规观测值占比过低）和自选择偏差导致的内生性问题，本书采用倾向得分匹配法（PSM），为违规公司匹配样本，然后基于匹配样本，重新检验主效应，发现终极控制权与公司违规行为之间存在显著的负相关关系，即终极控制权越大，公司违规的可能性越小，结果与之前一致。②为了解决公司违规数据的部分可观测性问题，本书采用部分可观测 Bivariate Probit 模型，引入违规倾向和违规稽查这两个潜变量，然后重新进行主检验，发现终极控制权与公司违规倾向显著负相关，与违规稽查显著正相关，说明终极控制权越大，公司违规倾向越低，其违规行为被稽查出的可能性越大，这进一步证实了本书的研究结论。③尽管本书的回归模型已经控制了许多影响因素，但仍然可能存在遗漏变量的问题，因此本书使用固定效应模型重新进行主检验，发现终极控制权与公司违规行为显著负相关，结果与之前一致。④改变变量的测量方法。首先，改变因变量公司违规行为的度量方法，采用违规次数衡量公司违规行为，发现终极控制权与公司违规次数显著负相关，即终极控制权越大，公司违规次数越少，进一步证实了本书的结论；然后，以基于夏普利权力指数方法计算的第一大股东控制权为自变量，考察其与公司违规行为的关系，发现第一大股东的控制权与公司违规行为显著负相关，即第一大股东控制权越大，公司违规的可能性越小，说明不论是第一大股东控制权的集中还是终极控制权的集中均可以抑制公司违规行为，这进一步支持了本书的结论。

本书的创新之处主要体现在以下几个方面。

第一，从终极控制人的视角出发，探讨了终极控制权对上市公司违规行为的影响，这完善和补充了以往关于股权结构对公司违规影响的研究。

第二，从公司金融理论及相关的研究出发，不难发现，终极控制权是理解资本市场中企业行为的差异及变化的核心枢纽。本书以政治学政治博弈视角下的夏普利权力指数方法为基础，构建了上市公司终极控制权新的测度方法，这使我们不必完全依赖于 WLP 度量，并帮助我们评估基于 WLP 的结论的稳健性。另外，将夏普利权力指数应用于所有权和公司治理的实证研究中，这丰富并发展了控制权相关文献。

第三，在委托代理理论的分析框架下，本书将公司内外部治理机制纳入终极控制权与上市公司违规行为关系的研究中，将有助于拓展现有文献对公司治理机制如何影响终极控制权或上市公司违规行为的研究，从而揭示终极控制权影响上市公司违规行为的作用机制。

目　录

1

绪　论

1.1　问题的提出

中国资本市场自 1990 年正式建立以来迅速发展，上市公司数量不断增加，至 2019 年底，已拥有上市公司 3777 家，总市值约为 592934.57 亿元，达 2019 年中国 GDP 总额的 59.84%。然而，随着中国资本市场的不断扩张，上市公司的违规行为也日益增加，从最早的"红光案""琼民源案"，到"银广夏"的虚构财务报表、"蓝田股份"的编造业绩神话、"绿大地"的欺诈上市、"万福生科"的财务造假、"弘高创意"的内幕交易、"长生生物"的信息披露违规，上市公司违规事件频发，严重破坏市场秩序，CSMAR 数据显示，2019 年共有 766 家上市公司因违规受到处罚，这不仅使得投资者遭受极大的损失，而且也困扰着市场监管方，成为严重影响资本市场进一步健康发展的顽疾（何杰和王果，2013）。

根据舞弊三角理论可知，公司违规行为的发生是动机、机会和自我合理化这三大要素共同催化的结果，三者缺一不可。显然，公司和监管部门难以消除公司违规动机，但是可以通过制度的设计减少违规的机会，因此现有文献主要从公司内外部治理的视角探讨了公司违规的影响因素。但是从公司治理理论及相关经验文献出发，不难发现，公司违规行为显然首先与其股权结构存在明确的因果关系，同时受到治理环境的影响（何杰和王果，2013）。与西方股权高度分散的情况不同，中国上市公司股权相对集中，据 CSMAR 数据统计，截至 2019 年底，中国上市公司第一大股东持股比例超过 20% 的大约占 79.66%，第一大股东平均持股比例为 32.94%，是第二大股东持股比例的 3.14 倍。可见，中国上市公司普遍具有"一股独大"的集中所有权结构。近年来，部分学者已经注意到中国这种特殊的股权结构对上市公司违规行为的影响（Chen et al.，2006；陈国进和林辉等，2005；唐跃军，2007）。然而，这些研究主要集中在第一大股东控制权对公司违规的影响上，并且得出不同的结论。陈国进和林辉等（2005）认为第一大股东集中持股有利于约束公司违规行为，而唐跃军（2007）反驳了陈国进、赵向琴和林辉（2005）的观点，认为第一大股东集中持股并不是抑制了公司违规，而是降低了上市公司违规被查处的可能性。王敏和何杰（2020）则进一步发现第一大股东的控制权与公司违规倾向显著负相关，与违规稽查显著正相关。事实上，按照公司治理理论，终极控制人才是上市公司真正的决策主体，公司第一大股东的行为是由终极控制人控制的。因此，从终极控制人的视角出发，可以更准确、更全面地分析股权结构对公司违规的影响。

此外，对于终极控制权的测量，现有研究侧重于单一的控制权测量措施，将控制权等同于投票权，认为终极所有者的控制权应根据 WLP 方法（La Porta et al.，1999）进行计算，但这是一种没有理论支撑的衡量方法，因此应用时存在一些潜在的严重问题（Edwards and Weichenrieder，2009）。

另外，现有文献忽略了治理环境对终极控制权与公司违规关系的影响，但终极控制权对公司违规的影响和作用一定是在特定的治理环境下展开的，因此在分析终极控制权对公司违规的影响时，就不得不考虑公司治理环境的调节作用。进一步，现有文献关于公司治理环境的研究，往往只关注公司内部治理机制，而忽略公司外部治理机制，但是要解决因信息不对称导致的委托代理问题，不仅需要科学规范有效的内部治理机制，还需要外部治理机制发挥有效的监督治理作用。

在此背景下，本书将根据委托代理理论，对以下问题给予清晰、明确的回答。

（1）如何构建中国上市公司终极控制权新的测量方法？

（2）由于终极控制人控制着第一大股东的行为，那么从终极控制人的视角出发，终极控制权将会对上市公司违规行为产生怎样的影响？

（3）终极控制权对公司违规的影响是否会因为违规主体、违规类型、违规程度的不同而发生变化？

（4）终极控制权对公司违规的影响和作用是在特定的治理环境下展开的，那么，公司的内部治理机制和外部治理机制将会如何影响终极控制权与公司违规行为之间的关系？

以此，为上市公司、证券市场投资人及市场监管方提供理性决策及政策制定的具体借鉴。

1.2　研究内容

针对所提出的问题，本书拟以中国沪深两市主板市场 1994 ~ 2018 年共计

25 年的全样本数据，根据委托代理理论，重点采用 2013～2018 年主板上市公司的数据进行下述研究。

（1）投票权指数提供了对拥有特定投票权比例的选民决定投票结果能力的衡量，不仅考虑了获胜所需的总体比例，而且还考虑了其他选民投票权的分配（Felsenthal and Machover，1998），这为控制权的衡量提供了自然的基础（Leech，1988，2002；Edwards and Weichenrieder，2009）。因此，本书将借鉴政治学政治博弈视角下的夏普利权力指数方法（Shapley and Shubik，1954），构建中国上市公司终极控制权新的测度方法，然后测算上市公司不同层级第一大股东的实际控制权，在此基础之上，计算并确定金字塔型结构下的中国上市公司终极控制权。

（2）不同于以往从企业股权控制直接层面的大股东控制权出发研究其与公司违规行为的关系，本书从终极控制人的角度，考察终极控制权对公司违规行为的影响。

（3）进一步，为了加深对相关问题的理解，本书继续考察终极控制权对更具体的公司违规特征的影响，主要包括终极控制权对不同主体的违规（管理层违规、股东违规）、不同类型的违规（信息披露违规、经营违规、公司内部监控不规范）和不同程度的违规（一般违规、严重违规）的影响。

（4）考察公司治理机制的调节效应。根据公司治理理论，终极控制权对公司违规行为的影响和作用一定是在特定的治理环境下展开的，并且治理环境不仅包括内部治理机制，还包含外部治理机制，因此本书将综合考虑这两种治理机制对终极控制权与公司违规行为关系的影响。具体包括：在内部治理机制方面，重点考察董事会规模、独立董事比例、监事会规模和管理层持股对终极控制权与公司违规行为关系的调节作用；在外部治理机制方面，重点考察分析师关注度（研报关注度）、是否聘请高质量审计师、产品市场竞争程度对终极控制权与公司违规行为关系的调节作用。

1.3　研　究　方　法

本书采用的主要研究方法包括：

（1）文献综述法。文献综述法是指通过收集整理前人的科学研究成果，掌握考察对象的研究现状，以达到对研究问题全面科学的认识。本书确定了研究对象后，广泛地收集阅读整理相关文献，全面地掌握现有文献对终极控制权、治理机制与公司违规行为关系的研究，并分析其中的不足，为后续的理论分析奠定文献基础。

（2）规范研究方法。规范研究法是在一定的前提条件下，通过逻辑演绎推导出理论上的因果关系。本书在终极控制权、治理机制与公司违规行为相关研究文献的基础上，结合我国上市公司股权结构和违规行为的基本状况，基于委托代理理论，可以推导出在前提假设满足的情况下，终极控制权必然影响公司违规行为，且两者关系会受到公司治理机制的影响，形成本书的理论研究框架。

（3）实证研究方法。规范研究法与实证研究法是相互补充的。规范研究法强调的是理论上的因果关系，但是未必符合公司实际运作规律，而实证研究法则具有典型的经验特征，其基础是实际观测的数据，因此规范研究需要实证研究的补充。本书利用 CSMAR 数据库、Wind 数据库、RESSET - 金融研究数据库、全国企业信用信息公示系统、巨潮资讯网、天眼查、公司年报及各种公告获得相应的研究数据，使用 Stata 14.0 等软件先后进行描述性分析、相关性分析、多元回归分析及稳健性检验，验证本书的研究假设。

1.4　本书结构

本书共包括七个章节。

（1）绪论。首先，根据研究背景提出了本书要研究的问题，即基于夏普利权力指数方法测量的终极控制权对公司违规行为的影响及内外部治理机制对两者关系的调节；其次，根据研究问题设计出本书具体的研究内容；最后，依次分析了本书采用的研究方法、整体结构框架及本书的主要创新点。

（2）文献综述。首先，梳理了上市公司违规行为的相关文献，包括上市公司违规行为影响因素的研究和上市公司违规行为产生的后果研究两部分；其次，梳理了上市公司终极控制权的相关研究，包括终极控制权的确立、测度及其延伸性研究和夏普利权力指数方法及其在控制权相关研究中的运用两部分；然后，梳理了终极控制权与上市公司违规行为的研究，并对已有研究进行了评析，通过这一部分文献的回归和梳理，建立了本书的基本研究问题，即终极控制权与上市公司违规行为的关系；接着，梳理了公司治理机制对终极控制权与公司违规行为关系影响的相关研究，并对已有研究进行了评析；最后，对文献进行了总体的评析，总结不足之处，为后续的理论研究框架奠定文献基础。

（3）上市公司股权结构与违规行为的现实状况。首先，分析了上市公司股权结构的基本状况；其次，分析了上市公司违规行为的基本状况，包括公司违规的统计及分布、不同主体公司违规的统计及分布、不同类型公司违规的统计及分布、不同程度公司违规的统计及分布。

（4）理论分析与研究假设。基于委托代理理论，通过逻辑推演分析各研究变量之间可能存在的关系，借助以合作博弈为理论基点的夏普利权力指数方法重新测算出公司终极控制权，进而从终极控制人的角度出发，构建出以终极控制权为自变量，公司违规行为为因变量，公司内外部治理机制为调节变量的理论模型，并提出相应的研究假设。

（5）研究设计。首先，介绍了研究样本的选取依据和公司违规数据、终极控制权数据、公司治理数据及其他公司特征数据的收集情况及具体来源；其次，借鉴现有关于公司违规、终极控制权、内部治理机制（董事会规模、独立董事比例、监事会规模和管理层持股）、外部治理机制（分析师关注度、是否聘请高质量审计师、产品市场竞争程度）的国内外相关研究，确定变量的具体定义及测度；最后，根据研究假设，确定具体的计量模型。

（6）实证结果与分析。首先，对主要变量进行了描述性分析，包括上市公司终极控制权的统计分析、总样本变量的描述性分析及分组样本变量的描述性分析，以此估计数据的质量及分布状态。其次，对主要变量进行了相关性分析，以此预判终极控制权、公司内外部治理机制与公司违规行为的关系。最后，对本书的理论模型及研究假设进行了实证检验。第一，检验了终极控制权对公司违规可能性的影响；第二，检验了终极控制权对具体的公司违规特征（违规主体、违规类型、违规程度）的影响；第三，检验了公司内部治理机制对终极控制权与公司违规行为关系的调节作用；第四，检验了公司外部治理机制对终极控制权与公司违规行为关系的调节作用；第五，进行了一系列稳健性检验，验证主效应的有效性。

（7）结论与讨论。首先，根据实证研究结果，提出相应的研究结论；其次，根据研究结论和现实状况，对公司违规行为的防范、股权结构的改革及公司内外部治理机制的设计提出建议；最后，分析本书在数据和研究内容方面存在的局限性。

本书的技术路线如图 1-1 所示。

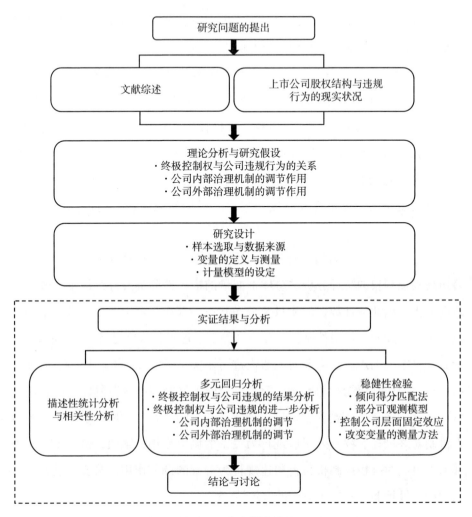

图1-1 本书技术路线

1.5 主要创新点

本书基于合作博弈理论的夏普利权力指数方法，重新测量了上市公司的终极控制权，在此基础上，根据委托代理理论，从终极控制人的角度，考察了终极控制权对公司违规行为的影响，及公司内外部治理机制对两者关系的调节效应。本书的创新之处可以归纳为以下几个方面。

（1）现有文献集中研究了第一大股东控制权对公司违规的影响，但事实上，按照公司治理理论，终极控制人才是上市公司真正的决策主体，公司第一大股东的行为是由终极控制人控制的。因此，为了更准确、更完整地分析股权结构与公司违规行为的关系，本书从终极控制人的视角出发，基于委托代理理论，探讨了终极控制权对上市公司违规行为的影响，这完善和补充了以往关于股权结构对公司违规影响的研究。

（2）构建了上市公司终极控制权新的测度方法。终极控制权是公司金融及公司治理的关键核心问题，其测度方法的构建无疑是公司行为与其经济后果之间关系研究的重要基础。但现有研究对终极控制权的测量，普遍采用由拉波塔等（La Porta et al. , 1999）建立的经典方法——WLP 方法，这是一种没有理论支撑的衡量方法，因此存在一些潜在的严重问题（Edwards and Weichenrieder, 2009）。所以，为更好地研究公司终极控制权及其相关问题，必须首先重新寻求并构建新的测度方法。本书借鉴政治学政治博弈视角下的夏普利权力指数方法，构建了上市公司终极控制权新的测度方法，使我们不必完全依赖于 WLP 度量，并帮助我们评估基于 WLP 的结论的稳健性。

（3）在委托代理理论的分析框架下，本书将公司内外部治理机制纳入终极控制权与上市公司违规行为关系的研究中，将有助于拓展现有文献对公司治理机制如何影响终极控制权或上市公司违规行为的研究，从而揭示终极控制权影响上市公司违规行为的作用机制。

2

文献综述

　　本章首先梳理了上市公司违规行为的相关文献，包括上市公司违规行为影响因素的研究和上市公司违规行为产生的后果研究两部分。通过对上市公司违规行为影响因素研究的梳理，发现现有文献主要基于舞弊三角理论研究了内外部治理对公司违规的影响；通过对上市公司违规行为产生的后果研究的梳理，突出了本研究的现实意义。其次，梳理了上市公司终极控制权的相关研究。包括终极控制权的确立、测度及其延伸性研究和夏普利权力指数方法及其在控制权相关研究中的运用两部分。通过对终极控制权的确立、测度及其延伸性研究的梳理，总结出 WLP 方法具体的不足；通过梳理夏普利权力指数方法及其在控制权相关研究中的运用，为构建终极控制权新的测量方法提供了借鉴。然后，梳理了终极控制权与上市公司违规行为的研究，并对已有研究进行了评析，通过这一部分文献的回归与梳理，建立了本书的基本研究问题，即终极控制权与上市公司违规行为的关系。接着，梳理了公司治理机制对终极控制权与公司违规行为关系影响的相关研究，并对已有研究进行了评析。最后，对文献进行了总体的评析，指出不足之处，为后续的理论研究框架奠定了基础。

2.1　上市公司违规行为的相关研究

根据戴克等（Dyck et al.，2010）和张旻等（Zhang et al.，2018）的定义，公司违规是指企业的不当行为，可能导致股东或利益相关者（如债权人、客户和供应商）的物质价值损失，并触发监管和/或法律惩罚，主要包括对财务报告的不实陈述、延迟披露或未披露信息、贿赂、内幕交易以及任何其他损害公司股东和利益相关者利益的非法活动。以往这一领域的研究主要从两个角度进行：上市公司违规行为影响因素的研究（Salleh and Othman，2016；Gong et al.，2021；周泽将等，2019；陈西婵和周中胜，2020）；上市公司违规行为产生的经济和社会后果研究（Palmrose et al.，2004；Karpoff et al.，2008；Chen et al.，2011）。

2.1.1　上市公司违规行为影响因素的研究

2.1.1.1　上市公司违规行为内部影响因素的相关研究

在公司内部影响因素方面，现有研究重点考察了公司董事会特征、独立董事特征、监事会特征和高管特征等对公司违规行为的影响。

1. 董事会特征与公司违规行为

（1）董事会规模与公司违规行为。

现有文献对董事会规模的治理作用有不同的看法，有的学者认为董事会规模较大时，可以吸引各方面人才，提高董事会决策质量和监督能力，并且也有利于各方利益相互制衡。袁春生和韩洪灵（2008）认为，基于知识互补效应和监督效应，董事会规模的扩大有利于降低公司舞弊行为，但是董事会的边际监督效率随董事会规模的扩大呈现出先增大后减小的趋势。杨清香等（2009）认为过低和过高的董事会规模，都不利于降低公司财务舞弊行为。但也有学者认为董事会规模过大可能增加协调难度，降低决策效率，从而削弱了董事会的治理能力。比斯利（Beasley，1996）研究了董事会组成和财务报表舞弊之间的关系，发现较低的欺诈可能性与较小的董事会规模有关。国内学者蔡宁和梁丽珍（2003）、蔡志岳和吴世农（2007）也认为董事会规模过大反而提高了公司违规的概率。另外，还有一部分学者认为董事会规模对公司违规没有显著的影响。例如，沙列和奥斯曼（Salleh and Othman，2016）发现董事会规模对公司违规没有显著的影响。孙敬水等（2008）、张晓岚等（2009）也发现董事会规模与公司信息披露违规之间没有显著的相关性。

（2）独立董事与公司违规行为。

①独立董事比例与公司违规行为。

作为约束公司不当行为的重要监督者，独立董事在公司治理中发挥着积极有效的作用。首先，相比内部董事，独立董事作为外部董事，只担任董事会成员的职务，因此更客观、更独立。另外，独立董事拥有更专业的知识、经验和技能，因此能够提高董事会决策质量和监督能力。同时，独立董事为了维护自己的声誉，也会尽力履行监督职责。因此部分学者发现独立董事在董事会中的比例越高，越有利于提高董事会解决公司代理问题的能力，例如，达亚等（Dahya et al.，2008）调查了22个国家的799家公司，发现独立董事比例越高，关联方交易的可能性越小，公司价值越高，特别是在对股东的法律保护较弱的国家。龚旻等（Gong et al.，2021）发现独立董事比例的增加，能够降低控股股东"隧道挖掘"行为，证明了独立董事在防止控股股东侵占中小股东方面的监督作用。蔡志岳等（2007）的研究表明董事会中独立董事占比与公司违规发生概率和严重程度呈负向关系，即占比越低，违规发生概率越高，违规程度也越严重。冯旭南等（2011）的研究表明独立董事比例与企业违规显著负相关，这主要是因为独立董事比例越高，将有助于提高信息披露质量。

但是，有的学者认为独立董事并没有发挥监督治理作用，独立董事的"不独立"使其成为大股东的服务机构，上市公司关于独立董事的设立也只是按照证监会的相关规定达到了最低限度要求。郑春美和李文耀（2011）的研究表明在控股股东控制公司的状态下，即使独立董事对于公司的决策发表再多的不同意见，也不能防止公司违规行为的发生。邓可斌和周小丹（2012）的研究表明董事会中独立董事的占比会显著正向影响公司违规的发生。吴伊菡和董斌（Wu and Dong，2020）通过一个独特的自然实验，发现中国的独立董事在董事会中几乎没有像理论预期的那样发挥监督和建议的作用。

②独立董事专业背景与公司违规行为。

张振新等（2011）认为独立董事大多是来自相关领域的专家，往往比内部董事拥有更专业的知识、经验和技能，因此能够为董事会出谋划策，提出有价值的意见，提高董事会的有效性。阿格拉沃尔和查达（Agrawal and Chadha，2005）发现在董事会或审计委员会中，如果拥有具有财务专业知识的独立董事，则公司财务重述的概率较低。国内学者曹伦和陈维政（2008）认为独立董事所具有的专业知识、经验和技能够使得独立董事更好地履行监督职能，从而降低公司违规的可能性。逯东等（2017）采用部分可观测的模型（Bivariate Probit Model），发现聘请高校背景独立董事的公司，其违规倾向也显著更低，高校学者的正面形象和专业知识，使其履职监督能力更强。

另外，独立董事的专业背景还给企业带来了较强的资源支持。独立董事的金融专业背景能够使公司获得更轻松的信贷条件（桂爱琴，2018）。孔东民等（Kong et al.，2019）的研究表明，在中国具有当地政治背景的独立董事由于其具有复杂的监管知识和技术专长，可以改善公司治理，显著降低了公司违规的可能性。但是，独立董事的"资源特权"降低了公司的预期违规成本，可能会增加公司事前参与违规的可能性。何贤杰等（2014）发现聘请券商背景的独立董事具有一定的负面效应，会削弱公平披露的效力，不利于投资者利益保护。车响午等（2018）的研究结果表明，公司聘请法律及财务背景的独立董事与其违规正相关。

③独立董事薪酬与公司违规行为。

独立董事的声誉、工作能力及付出、企业经营状况等因素都会影响独立董事的薪酬水平。一般来说，独立董事的薪酬设置越合理，越能激发独立董事努力工作的动力，提高其监督能力。关于独立董事薪酬的作用，现有研究存在不同的看法，有的认为独立董事薪酬能够发挥激励作用，从而提升履职过程中的积极性和责任感，提升监督效率。例如，郑志刚等（2017）发现薪酬激励能够激发独立董事的工作热情和责任感，使得独立董事积极参与公司治理，以提升履职效率。此外，朱杰（2020）从独立董事薪酬激励的角度出发，发现随着独立董事薪酬的增加能够抑制公司信息披露违规行为的发生，但超过某个阈值后独立董事薪酬的增加反而会诱发公司信息披露违规行为的发生。另外，有的认为独立董事高薪酬并没有起到激励作用，主要体现在独立董事薪酬过高反而会增加公司盈余管理程度（张天舒等，2018）、增加经理人的超额薪酬（刘汉民等，2020）和增加关联交易等机会主义行为发生的概率（Hope et al.，2019）。此外，全怡和郭卿（2017）发现零薪酬独立董事履职更加勤勉，因此不能片面强调薪酬对于独立董事的激励作用。

④独立董事网络关系与公司违规行为。

现有文献关于外部网络关系对公司违规行为的影响存在不同的看法。贝克和福克纳（Baker and Faulkner，2004）认为社交关系有利于降低信息的不对称，减少机会主义行为。万良勇等（2014）认为独立董事的网络关系有利于降低公司违规倾向，这主要是因为基于网络关系带来的声誉资本和社会资本，提高了独立董事的监督动机和能力。另外，丰富的社会关系虽然可以带来宝贵的经验和声誉资本，但也可能增加欺骗、越轨和不当行为的机会。波特斯和森森布伦纳（Portes and Sensenbrenner，1993）认为，社会资本可能有积极的结果，也可能有消极的结果。费里斯等（Ferris et al.，2003）认为独立董事存在的关系网络意味着独立董事兼任多个公司的董事，忙碌的独立董事由于精力的分散，使其监督效率下降。菲希和希夫达萨尼（Fich and Shivdasani，2006）也发现担任过多的董事职位可能会分散独立董事的注意力，从而降低了独立董事作为公司监督者的有效性。另外，科尔等（Core et al.，1999）发现忙碌的独立董事与首席执行官（CEO）薪酬过高存在相关性，意味着这种独立董事对管理层的检查不足。

（3）董事会其他特征与公司违规行为。

现有研究也发现董事会的其他特征，如董事会会议次数、董事会性别结构、董事长两职兼任、董事会非正式层级结构、董事责任保险、董事的网络地位、"董事会断裂带"同样能够影响公司违规行为的发生。

德肖等（Dechow et al.，1996）的研究表明管理层主导董事会、董事长同时兼任 CEO、创始人兼任 CEO、没有审计委员会和外部大股东等特征，提高了公司盈余操纵的可能性。陈工孟等（Chen et al.，2006）发现董事长任期、外部董事的比例、董事会会议次数等因素都能够影响公司财务舞弊行为。

哈耶克等（Hayek et al.，2018）考察了董事会特征对欺诈发生的影响，发现"灰色董事"没有对管理层提供适当的监督，限制他们担任多个董事的数量与更大的欺诈发生可能性有关。蔡志岳和吴世农（2007）认为董事长兼任总经理的上市公司，其董事会监督功能下降，内部控制失效，因此更容易违规，但是实证结果与此相反，这可能是因为董事会是一个复杂的体系；而董事会会议次数与上市公司违规之间表现出显著的正相关关系，这说明上市公司隐患越多，董事会会议次数越多。杨清香等（2009）等认为董事长与总经理两职兼任将增加公司财务舞弊的可能性；董事会会议次数越多，董事会越勤勉，内部沟通越好，越有助于抑制公司财务舞弊行为；另外，董事会股权激励反而会增加其盈余管理行为，增加公司财务舞弊的可能性。刘振杰等（2019）发现董事会非正式层级越高，有利于提高其监督动机和能力，从而降低公司违规的可能性。雷啸等（2020）发现当董事具有责任保险时能够显著抑制公司违规行为的发生，内部控制或机构投资者能够弱化这种抑制作用。进一步，李从刚和许荣（2020）发现由于保险机构的监督，使得董事高管责任保险能够显著地降低公司违规倾向，提高公司违规后被稽查出的概率。陈丹和李红军（2020）发现提高女性占比有利于优化董事会决策，丰富知识结构，提高董事会监督能力，因此女性董事占比与公司违规行为显著负相关，即女性董事比例越高，公司违规的可能性越小。郭瑞娜和曲吉林（2020）发现董事的网络地位与公司财务违规之间显著负相关，即网络地位越高，越有利于提高内部控制质量，从而抑制公司财务违规。梁上坤等（2020）的研究结果显示"董事会断裂带"会抑制公司违规，这是因为"断裂带"增加了合谋难度提高了监督能力，并且这种抑制作用主要来自深层特征的"断裂带"，再进一步分析发现"董事会断裂带"对不同程度的违规均起到抑制作用，"董事会断裂带"降低违规倾向、提升被稽查的可能性以及缩短了稽查时间。关于董事会特征与公司违规行为的研究如表2-1所示。

表 2 – 1   关于董事会特征与公司违规行为的研究

影响因素		作用机制	代表文献
董事会规模		较大的董事会规模，可以吸引各方面人才，提高董事会决策质量和监督能力，并且也有利于各方利益相互制衡；但是较大的董事规模也可能会增加协调难度，降低治理效率	Beasley（1996）；Salleh and Othman（2016）；蔡宁和梁丽珍（2003）；蔡志岳和吴世农（2007）；袁春生和韩洪灵（2008）
独立董事	比例	独立董事更加的独立客观且具有丰富的专业知识、经验以及维护自身声誉的需求，使得其能够发挥治理作用；但是独立董事也可能由于独立性不强以及与管理层存在的合谋行为，使得其无法发挥监督作用	Dahya et al.（2008）；Gong et al.（2020）；蔡志岳和吴世农（2007）；冯旭南和陈工孟（2011）；郑春美和李文耀（2011）；邓可斌和周小丹（2012）
	专业背景	独立董事的专业背景使得董事会专业搭配更合理，提高董事会决策质量和监督水平，同时还带来资源支持；但是独立董事的某些背景降低了公司的预期违规成本，可能会增加公司事前参与违规的可能性	Agrawal and Chadha（2005）；Kong et al.（2019）；曹伦和陈维政（2008）；逯东等（2017）；车响午和彭正银（2018）
	薪酬	较高的薪酬能够提升履职过程中的积极性和责任感，从而提升监督效率；但是较高的薪酬可能会增加公司的盈余管理程度及关联交易等机会主义行为发生的概率	Hope et al.（2019）；张天舒等（2018）；朱杰（2020）
	网络关系	独立董事网络关系促进信息共享，减少信息不对称，提高监督能力，减少机会主义；但是经营社交关系耗费时间和精力，会降低工作效率	Ferris et al.（2003）；Baker and Faulkner（2004）；Fich and Shivdasani（2006）；万良勇等（2014）；周泽将和刘中燕（2017）
董事会会议次数		召开的会议越多，代表董事会越勤勉，内部沟通越有效，监督效率越高；但是会议频繁也可能是对公司隐患较多的被动反应	蔡志岳和吴世农（2007）；杨清香等（2009）
董事性别		性别平衡优化董事会决策；丰富知识结构和认知，拓宽决策视野；提高董事会监督能力	陈丹和李红军（2020）
董事长兼任总经理		董事会监督功能下降，内部控制失调	蔡志岳和吴世农（2007）；杨清香等（2009）
董事会非正式层级结构		层级高的董事有较强的监督动机和能力	刘振杰等（2019）
董事责任保险		保险机构发挥外部治理功能	李从刚和许荣（2020）
董事网络地位		董事网络地位提高了内部控制质量	郭瑞娜和曲吉林（2020）
董事会断裂带		增加了合谋难度，并提高了监督能力	梁上坤等（2020）

资料来源：笔者查阅文献整理所得。

2. 监事会特征与公司违规行为

关于监事会特征与公司违规行为的研究主要集中在国内，这主要是因为以英美为代表的公司治理模式中并没有设置监事会。国内学者对于监事会治理作用的看法有一定的分歧，部分学者认为：首先，较大的监事会规模可以吸收不同的专业人才，提高监事会决策质量和监督能力；其次，如果监事比较勤勉尽职，则召开的会议次数也会比较多，因为一般来说，监事会召开的会议次数越多，代表成员进行了积极的沟通，这有利于提升监事会监督能力；最后，监事的股权激励可以提高监事会运作效率，提高其监督的动力，从而降低公司违规的概率。薛祖云和黄彤（2004）认为监事会的规模、会议频率和持股能够显著影响企业会计信息质量。李维安（2006）认为虽然确实存在监事会虚设的现象，但是监事会仍有着不可替代的作用。余银波（2009）的研究结果表明，监事会规模能够提高企业信息披露质量，但是针对监事会会议次数和持股监事比例没有发现这种相关性。冉光圭等（2015）的研究结果表明，中国的监事会能够发挥积极的财务监督作用，降低公司的盈余管理行为，另外拥有会计专业和学术背景的监事提高了公司信息质量。周泽将等（2019）发现监事会的经济独立性与公司违规行为之间显著负相关，即监事会的经济独立性越强，公司违规的概率和程度越低，这种抑制作用主要来源于监事会主席的经济独立性。

另外一部分学者认为监事会在解决代理问题方面，未能发挥治理作用。例如，马施等（2009）通过实证研究没有发现监事会规模、会议次数、持股比例能够显著影响企业信息披露质量。张振新等（2011）的研究结果表明，监事会治理作用非常有限，监事会持股比例能够显著改善信息披露的质量，但是针对监事会规模和监事会会议次数没有发现这种显著的相关性。扈文秀等（2013）认为监事会激励在解决代理问题方面并未发挥作用。

还有一部分是关于提高监事会治理效率的文献。例如，张艳莉等

（2016）利用上市银行的监事会数据，基于结构方程模型，发现政治关联在我国上市银行监事会治理中尚未发挥作用，并建议充分激活政治关联的作用，提升监事会治理效率。王兵等（2018）利用倾向得分匹配法，发现内部审计人员担任监事会成员，能够提高监事会监督水平，降低企业盈余管理行为。周泽将和雷玲（2020）利用国有上市公司数据发现，纪委参与监事会，有助于提高监事会治理效率，降低公司代理成本。关于监事会特征与公司违规行为的研究如表2-2所示。

表2-2　　　　　　　　关于监事会特征与公司违规行为的研究

影响因素	作用机制	代表文献
监事会规模	影响监督治理效率	薛祖云和黄彤（2004）；余银波（2009）；马施和李毓萍（2009）；张振新等（2011）
监事会会议次数	频繁召开会议，说明监事会成员勤勉地履行职责，因此监督能力更强；但是频繁召开会议也可能是对公司隐患较多的被动反应	薛祖云和黄彤（2004）；余银波（2009）；马施和李毓萍（2009）；张振新等（2011）
监事会股权激励	影响监督的积极性	薛祖云和黄彤（2004）；余银波（2009）；马施和李毓萍（2009）；张振新等（2011）；扈文秀等（2013）
监事会成员专业背景	专业性提高了决策质量和监督水平	冉光圭等（2015）
监事会经济独立性	具备经济独立性可以使其更加积极地投入监督治理工作	周泽将等（2019）
内部审计人员担任监事会成员	提高监事会的专业性和监督水平	王兵等（2018）
纪委参与监事会	增强监事会的独立性；增强监事会的知情权；降低监事会信息沟通成本	周泽将和雷玲（2020）

资料来源：笔者查阅文献整理所得。

3. 高管特征与公司违规行为

（1）高管异质性和背景与公司违规行为。

高层梯队理论认为，受外界环境复杂多变的影响，高管全面掌握事物的能力有限，只能进行选择性的观察，因此高管的认知能力、判断能力及价值观将会影响高管的决策（Hambrick and Mason，1984）。其中，可观测的高管的性别、年龄、教育背景和职业背景等与高管的认知判断能力和价值观息息相关，因此现有研究围绕着高管的异质性和背景与公司违规行为之间的关系进行了大量的研究。

从性别来看，随着越来越多的女性在公司担任高管，公司治理方面研究的关注点开始投向更具关怀主义伦理的女性。首先，与男性相比，女性通常具有低风险偏好的特征，对存在较高风险的公司违规行为更加厌恶。其次，处理问题的方式不同，女性在决策时更加谨慎，并积极倾听各方的意见，而男性更加容易"过度自信"。最后，在激烈的高管职位竞争中，女性往往比男性需要积累更多的声誉资本、社会资本以显示自己的实力，因此女性可能会更加关注公司的形象，从而抑制公司违规行为的发生。路军（2015）发现女性高管占比越高，上市公司违规行为越少。淦未宇等（2015）基于 PSM 配对样本发现高管团队中女性比例越高，能够显著降低公司违规操作的可能性。鱼乃夫和杨乐（2019）发现高管的女性占比越高，有助于抑制公司违规行为，但是这种抑制作用不显著。王晓丹和孙涛（2020）发现女性高管出于对声誉的高度重视，能够显著约束公司违规行为。

从年龄来看，随着年龄的增长，高管的阅历增加，其看待问题和处理问题的能力和角度越全面，风险识别能力越强。此外，高管的年龄越大，其职位越高也越稳定，其对工作上带来的晋升预期越低，因此不会冒险去做违法违规行为，从而降低了企业违规的概率。实证研究也表明高管年龄会负向影响公司违规。顾亮和刘振杰（2013）的研究表明，随着高管年龄的增长，有利于抑制公司违规行为。卢馨等（2015）研究发现高管团队的平均年龄负向显著影响公司舞弊行为发生的可能性。

从职业背景来看，高管过往的职业经历会影响高管的行为习惯及风险偏好，而这些行为习惯和风险偏好会影响高管的决策，进而影响公司违规行为。江新峰等（2019）发现具有会计职业背景的高管会更加客观谨慎，并且对公司的会计监督水平也会更高，因此能够降低公司违规的可能性。鱼乃夫和杨乐（2019）发现上市公司高管的金融背景与公司违规具有显著的正向影响。在法律背景方面，现有学者有不同的看法，部分认为高管的法律背景，使其更加熟悉法律法规，有助于为公司提供法律建议，降低公司违规的风险。雷宇和张宁（2019）的实证结果也表明，聘请法律背景的高管，使公司违规的可能性更小。另一部分学者认为，拥有法律知识专长的高管，可能会为企业出谋划策以巧妙地规避法律规定，使得企业更具冒险倾向。德莫特（DeMott，2005）发现如果公司拥有法律知识专长的高管，其更倾向于法律冒险行为。

从教育背景来看，一般来说，学历与知识丰富程度、学习认知度及信息分析能力呈正向关系，因此较高的学历，更能够对事物的发展有科学的认识，更能够抵制公司违规带来的短期诱惑，深刻认识其产生的危害。鱼乃夫和杨乐（2019）的研究表明高管教育背景能够约束企业违规行为。

（2）高管激励机制与公司违规行为。

建立完善的薪酬激励机制，充分调动代理人努力工作的积极性，也属于公司内部治理的重要内容。目前对管理者的激励机制主要有两种，一是基本工资和年度奖金等传统薪酬，二是股权长期激励性报酬。实证研究表明合理的薪酬机制有利于缓解代理问题，降低代理成本。凯尼昂和何乐融（Conyon and He，2016）考察了 CEO 薪酬激励与公司欺诈之间的关系，发现 CEO 薪酬激励有利于抑制公司欺诈行为。魏芳和耿修林（2018）发现高管不合理的薪酬差距会诱发公司违规行为。另外，人们普遍认为，基于股权的薪酬能更好地调动高管努力工作的积极性，协调高管与股东的利益一致性，减少高管的机会主义败德行为，降低委托人与代理人之间的代理成本。阿姆斯特朗等（Armstrong et al.，2010）发现 CEO 的股权激励可以缓解管理层和股东之间的代理问题，抑制会计违规行为。崔学刚（2004）发现管理层与股东的效用差异根源于剩余索取权与控制权的不匹配，当公司管理层对公司没有剩余索取权时，他们就会容易利用职权做出有损公司价值的行为，而当管理层拥有剩余索取权时，能更好地协调管理层利益与股东利益，有利于调动管理层努力工作的积极性。刘昌国（2006）发现高管股权激励机制能够抑制管理者机会主义行为。陈西婵和周中胜（2020）发现高管股权激励与公司信息披露违规显著负相关。赵世芳等（2020）发现高管股权激励作为解决代理问题的有效手段，有助于降低高管的急功近利倾向，激励高管致力于企业长远发展。

另外，部分学者认为高管股权激励并没有发挥治理作用，反而有可能因为缺乏监督，行权时间过短导致管理层注重短期收益，提高代理成本。伯恩和凯迪亚（Burns and Kedia，2006）的研究表明，CEO 的期权组合激励提高了 CEO 对股价的敏感度，因此更容易出具虚假报告。埃芬迪等（Efendi et al.，2007）的研究结果表明，如果给予 CEO 较高的股票期权，那么财务报表被错误陈述的可能性会大大增加。约翰逊等（Johnson et al.，2009）发现管理层的激励报酬形式和归属地位与公司欺诈有很强的关系。哈斯等（Hass et al.，2016）探讨了高管的股权激励对中国上市公司舞弊行为的影响，发现高管股权激励容易诱发公司舞弊行为。苏冬蔚等（2010）的实证结果表明，正式的股权激励反而会降低治理水平。

（3）高管"裙带关系"与公司违规行为。

卡纳等（Khanna et al.，2015）研究了 CEO 的人脉关系与公司欺诈行为，发现 CEO 通过他们的任命决定与高管和董事建立联系，这会增加企业欺诈的风险，高管层和董事会中基于 CEO 的任命越多，越能增加公司欺诈的可能性，而且公司欺诈越不容易被发现。陆瑶和李茶（2016）发现公司 CEO 对董事会的影响力越大，越容易诱发公司发生违规行为。陆瑶和胡江燕（2016）

发现 CEO 与董事之间若存在"老乡"关系，公司违规的可能性越大，被稽查出的概率越小。关于高管特征与公司违规行为的研究如表 2-3 所示。

表 2-3　　　　　　　　　关于高管特征与公司违规行为的研究

影响因素		作用机制	代表文献
高管背景	性别	女性通常具有低风险偏好的特征；女性在决策时更加谨慎，并积极倾听各方的意见；女性需要积累更多的声誉资本、社会资本	路军（2015）；淦未宇等（2015）；鱼乃夫和杨乐（2019）；王晓丹和孙涛（2020）
	年龄	反映高管的阅历和风险倾向，一般年龄越大，高管看待问题和处理问题的能力和角度越全面，其风险识别能力越强。此外，高管的年龄越大，其职位越高也越稳定，其对工作上带来的晋升预期越低，因此不会冒险去做违法违规行为	顾亮和刘振杰（2013）；卢馨等（2015）
	职业背景	影响高管的行为习惯及风险偏好	DeMott（2005）；江新峰等（2019）；鱼乃夫和杨乐（2019）；雷宇和张宁（2019）
	教育背景	影响高管的认知能力及信息处理能力	鱼乃夫和杨乐（2019）
高管激励机制（主要是股权激励）		能更好地调动高管努力工作的积极性，协调高管与股东的利益一致性，减少高管的机会主义败德行为，降低委托人与代理人之间的代理成本；但有可能因缺乏监督、行权时间过短，使得管理层注重短期收益	Burns and Kedia（2006）；Efendi et al.（2007）；Johnson et al.（2009）；Armstrong et al.（2010）；Hass et al.（2016）；崔学刚（2004）；刘昌国（2006）；苏冬蔚和林大庞（2010）；陈西婵和周中胜（2020）；赵世芳等（2020）
高管裙带关系		降低管理层违规协调成本；增强董事会对管理层的信任，使得其对管理层的监督减弱	Khanna et al.（2015）；陆瑶和李茶（2016）；陆瑶和胡江燕（2016）

资料来源：笔者查阅文献整理所得。

4. 其他内部因素对公司违规行为的影响

现有研究还发现企业的内部控制、管理层权力结构、投资者关系管理、机构投资者持股、公司战略等因素也能够影响公司违规行为。单华军（2010）从上市公司内部控制缺陷角度分析了其对公司违规的影响程度，通过数据分析发现上市公司内部控制缺陷越多越容易受到诉讼和违规处罚。聂琦和刘申涵（2019）通过 Logit 回归模型验证了管理层权力显著正向影响公司违规行为，内部控制显著负向影响公司违规行为，并进一步验证了内部控制对管理层权力与公司违规行为之间关系的负向调节作用。杨道广和陈汉文（2015）通过研究发现内部控制质量越好越能够显著降低企业违规的概率和频率，并检验了法治环境对内部控制质量和企业违规关系的负向调节作用，即法治环境低的地区，内部控制质量对企业违规的负向作用越强。权小锋等（2016）研究发现投资者关系管理有助于降低企业违规风险，内部控制质量能够调节投资者关系管理对企业违规风险的负向影响，即内部控制质量越高，越能提升投资者关系管理对企业违规风险的抑制作用。陆瑶等（2012）从机构投资者持股的角度实证分析了其与公司违规行为之间的关系，通过相关数据分析显示，机构投资者持股与企业违规倾向负相关，并且能增加公司违规被稽查的可能性。高培涛和王永泉（2012）在研究机构投资者对上市公司关联交易的影响时发现，投资者整体持股水平对关联交易起到监督作用。孟庆斌等（2018）研究了公司战略与公司违规行为之间的关系，研究发现进攻型公司更容易违规且违规次数更多，另外研究还发现信息环境的良好性、内部控制的完善性和高管的稳健性均能够显著抑制进攻型公司违规行为的发生。关于其他内部因素与公司违规行为的研究如表 2-4 所示。

表2-4　　　　　　　关于其他内部因素与公司违规行为的研究

影响因素	作用机制	代表文献
企业的内部控制	公司内部控制影响公司经营规范性	单华军（2010）；杨道广和陈汉文（2015）；聂琦和刘申涵（2019）

续表

影响因素	作用机制	代表文献
管理层权力结构	权力过大，易滋生权力腐败，并使公司内外部监管减弱	聂琦和刘申涵（2019）
投资者关系管理	缓解管理层代理问题和大股东代理问题	权小锋等（2016）
机构投资者持股	专业优势、投资能力更强；监管渠道更多	陆瑶等（2012）
公司战略	战略类型影响公司的经营模式和组织结构：首先，激进的经营模式下公司盈余管理和财务舞弊的动机更强；激进的经营模式下，组织结构更加复杂，难以进行有效的内部控制	孟庆斌等（2018）

资料来源：笔者查阅文献整理所得。

2.1.1.2 上市公司违规行为外部影响因素的相关研究

在公司外部影响因素方面，现有研究主要考察了政府司法监督、分析师监督、外部审计监督和产品竞争程度等外部监督治理因素对公司违规行为的影响。

1. 政府司法监督与公司违规行为

政府和法律对上市公司的监管约束可以有效地保护投资者权益，促进金融的健康持续发展。凯迪亚和拉吉格帕尔（Kedia and Rajgopal，2011）认为政府部门的监管是遏制公司违规行为最有效的方法。周建新（2013）认为会计师法律责任的扩大能够有效减少公司违规，这是因为较大的责任使得会计师更加仔细负责地进行审计活动，这提升了其监督治理效应，降低了公司违规。全怡和姚振晔（2015）研究发现法治水平能够强化独立董事对企业违规的抑制效果。闫焕民和谢盛纹（2016）研究发现法律环境的约束越强，审计师轮换违规行为对审计结果的负面影响就越弱。彭茂和李进军（2016）发现通过改善市场监管环境，能够降低上市公司违规的可能性。曹春方等

(2017) 认为司法独立性的提升显著正向影响上市公司违规被查处的概率与上市公司违规的市场负面反应。由于中国正处于转轨期，法治建设虽然取得了一定的进步，但是仍然很薄弱，监管部门由于执法成本和执法资源等方面的限制，出现了执法力度不足（Kato and Long，2006）和监督违法处罚不够（Jiang and Kim，2015）等问题，因此当前的政府法律监管环境，对公司违规的约束力有限。

2. 分析师监督与公司违规行为

目前关于证券分析师在公司治理中的作用存在一定的分歧。有效监督假说认为，分析师作为信息中介，可以降低信息不对称，减少委托人和代理人之间的代理矛盾，主要原因有三点：①分析师比普通投资者拥有更多的专业知识和经验，并且他们的追踪是长期的持续的，因此他们更容易提早识别出异常情况（Yu，2008），提供早期预警，甚至有时候充当揭发者，揭露管理者的不当行为（Dyck et al.，2010）。②由于分析师报告的受众具有广泛性，单一利益集团不易对其进行控制，从而使分析师能够在公司治理方面起到外部监督者的作用（桂爱琴，2018）。③对于股东和董事会来说，分析师提供的信息减少了评估管理绩效的复杂性和不确定性（Wiersema and Zhang，2011）。基于以上原因，分析师关注可以从本质上促进外部治理，发挥治理效应。潘越等（2011）认为证券分析师对股票的关注会显著提升信息透明度，证券分析师在一定程度上能够发挥投资者保护的作用。李春涛等（2014）发现在当前中国的资本市场，分析师作为外部监管机制，能够有效地监督名企上市公司的行为。陈建东等（Chen et al.，2016）基于舞弊三角理论，发现在投资者保护不力的新兴经济体中，分析师的报道有助于遏制公司违规行为。桂爱勤和龙俊雄（2018）发现分析师关注的增加，能够显著降低企业违规的可能性。

但是压力假说认为分析师关注可能会增加代理问题，主要原因有两点：首先，分析师对投资者意见和股价有重大影响（Frankel et al.，2006），他们的预测给管理者施加了过度的压力，基于对风险收益、市场声誉和职业发展等方面的考虑，管理层会出现短视效应，即对短期绩效的过分关注，以避免股价出现负面反应。但是追求短期目标不一定有利于公司的长期价值，并且当这些目标是基于会计数字时，管理者更有可能操纵财务报表。例如，李春涛（2016）的研究表明分析师关注度越高，管理层采取真实盈余管理的可能性越大，从而给企业带来更大的损害。另外，分析师作为信息中介的角色与聘用他们的经纪公司的动机之间可能存在利益冲突，因为后者与这些公司有承销关系（Dechow et al.，2000）。因此，分析师可能会为了雇主券商的主要客户免受股价下跌带来的利益损失而发表有偏见的预测，这将降低他们提供给投资者的信息的质量，并从本质上损害他们作为外部监督的功能。例如，宋乐和张然（2010）的研究结果表明，我国证券分析师独立性不强，因而容易导致其发表有偏见的盈余预测报告。陈维等（2014）发现关联分析师所发布的分析报告对关联公司比较有利。

3. 外部审计监督与公司违规行为

现有研究认为审计师作为有效的外部监督者，能够监督约束企业的不当行为。原因主要有三点：①注册会计师对企业财务会计信息进行审计，可以提升信息的可靠性，从而可以降低企业所有者和管理层的信息不对称性问题。②存在问题的审计公司及审计人员将会受到严厉的处罚。中国的监管机构认为审计师有责任发现和报告公司欺诈行为，因此他们的失职将会受到严厉的惩罚（Firth et al.，2005）。中国证监会和财政部都有权监督和制裁那些未能发现和报告虚假收入、虚假资产和负债以及为虚假交易提供便利等财务报表欺诈行为的审计公司。不合格的审计公司将受到罚款、训诫、暂停审计工作、吊销营业执照等多种处罚，对持有上市公司审计许可证的审计人员，证监会和财政部共同监督执行处罚。审计师对监管处罚的担忧可能会主导他们的经济动机（Chen et al.，2010）。因为大型审计机构尤其重要，所以更有可能受到证监会和财政部的监督，而他们的客户群更大，一旦他们的执照被吊销，他们的损失也更大。③审计师为了自己的声誉，会尽职监督，提高审计监督质量（李万福等，2021）。

实证研究也证明了这一点。例如，权小锋等（2010）通过研究发现审计服务质量越好，越能够对权力型高管的薪酬操纵行为起到约束作用。伦诺克斯和皮特曼（Lennox and Pittman，2010）发现聘请国际五大会计师事务所，有助于降低发生欺诈性财务报告的可能性。雷凌等（Lisic et al.，2015）也发现由大型审计公司审计的公司不太可能发生财务报表舞弊。陈磊（Chen，2016）调查了在美国上市的外国公司的企业丑闻，发现在制度薄弱的国家注册的公司更有可能卷入公司丑闻，但这种关系可以通过四大会计师事务所的存在得到缓和。魏志华等（2017）研究发现聘请的审计师质量越高，越能够降低公司违规，这是因为高质量的审计师可以约束管理层的机会主义败德行为。李万福等（2021）发现审计师获得"资深注册会计师"荣誉后，更能够进行高质量的审计服务，提升被审计企业的盈余质量，降低被审计企业财务违规或重述的可能性。

4. 产品市场竞争与公司违规行为

关于产品市场竞争的治理作用，学者们有不同的看法。部分学者认为产品市场的有效竞争可以发挥外部监督治理的作用。其原因主要有两点：①良好产品市场竞争能够更准确有效地传递公司经营管理情况，提高了信息透明度，从而能够缓解信息不对称程度。②经营管理不善的公司在市场竞争充分的环境下更容易被清算兼并，导致管理层不得不面对公司经营失败和丢失工作的压力，为此管理层会努力提高工作效率，减少机会主义败德行为（姜付秀，2009）。巴拉克里希南等（Balakrishnan et al.，2011）的研究结果表明，产品市场的有效竞争提高了管理层职业压力，促使其从股东利益出发，减少公司财务违规行为。马卡里安等（Markarian et al.，2014）的研究结果表明，信息透明度较高时，产品市场竞争程度越大，公司盈余管理动机越小。

但是另一部分学者认为产品市场竞争可能会诱发公司违规，因为在激烈的市场竞争中，公司争夺市场和资源的压力越大，这导致管理层越容易发生败德行为。曾伟强等（2016）的研究表明，当竞争程度处于很低的水平时，竞争程度的增加有助于降低公司盈余管理，但是当竞争程度超过适度时，恶性的竞争会增加公司盈余管理，即两者之间存在 U 形关系。滕飞等（2016）实证结果表明产品市场竞争程度越高，越能提高企业违规倾向和降低违规稽查的可能性，即产品市场竞争能够"诱发"公司实施违规行为。关于外部监督治理因素与公司违规行为的研究如表 2-5 所示。

表 2-5　　　　　关于外部监督治理因素与公司违规行为的研究

影响因素	作用机制	代表文献
政府司法监督	事前的规定减少违规空间，事后的处罚减少违规动机	Kedia and Rajgopal（2011）；全怡和姚振晔（2015）；闫焕民和谢盛纹（2016）；彭茂等（2016）；曹春方等（2017）
分析师监督	①有效监督假说认为，分析师作为信息中介，可以降低信息不对称，减少委托人和代理人之间的代理矛盾。主要原因有三点：首先，分析师比普通投资者拥有更多的专业知识和经验，并且他们的追踪是长期的、持续的，因此他们更容易提早识别出异常情况。其次，分析师报告的受众是广泛的，不易受单一利益集团的操纵。最后，对于股东和董事会来说，分析师提供的信息减少了评估管理绩效的复杂性和不确定性 ②压力假说认为：分析师的关注可能会增加代理问题。主要原因有两点：首先，分析师的预测给管理者施加了过度的压力，基于对风险收益、市场声誉和职业发展等方面的考虑，管理层会出现短视效应，即更加注重短期绩效目标，但是追求短期目标不一定有利于公司的长期价值，并且当这些目标是基于会计数字时，管理者更有可能操纵财务报表。其次，分析师可能会为了雇主券商的主要客户免受股价下跌带来的利益损失而发表有偏见的预测，这将降低他们提供给投资者的信息的质量	①有效监督假说：Chen et al.（2016）；潘越等（2011）；李春涛等（2014）；桂爱勤和龙俊雄（2018） ②压力假说：宋乐和张然（2010）；陈维等（2014）；李春涛（2016）

影响因素	作用机制	代表文献
外部审计监督	①注册会计师对企业财务会计信息进行审计，可以提升信息的可靠性，从而降低企业所有者和管理层的信息不对称性问题 ②对于存在问题的审计公司及审计人员将会受到严厉的处罚，中国证监会和财政部都有权监督和制裁那些未能发现和报告虚假收入、虚假资产和负债以及为虚假交易提供便利等财务报表欺诈行为的审计公司 ③审计师为了自己的声誉，会尽职监督，提高审计监督质量	Lennox and Pittman（2010）；Lisic et al.（2015）；Chen（2016）；权小锋等（2010）；魏志华等（2017）；李万福等（2021）
产品市场竞争程度	①良好产品市场竞争能够更准确有效地传递公司经营管理情况，提高了信息透明度，从而能够缓解信息不对称程度 ②经营管理不善的公司在市场竞争充分的环境下更容易被清算兼并，导致管理层不得不面对公司经营失败和丢失工作的压力，为此管理层会努力提高工作效率，减少机会主义败德行为	Balakrishnan and Cohen（2011）；Markarian and Santalo（2014）；曾伟强等（2016）；滕飞等（2016）

资料来源：笔者查阅文献整理所得。

2.1.2 上市公司违规行为产生的后果研究

公司违规被发现后，公司将面临各种直接损失，如诉讼费、客户索赔、监管处罚等。戴维森等（Davidson et al.，1988）发现由于违规公司有可能被罚款和销售额下降，因此投资者对违规公司的反应是消极的。林晨等（Lin et al.，2013b）还指出，随之而来的监管惩罚，如罚款和限制市场准入，直接影响违规企业的经营，降低投资者对企业绩效的预期。然而，与直接损失相比，随之而来的间接损失，如股价下降、融资困难和企业声誉受损等更为关键，可能会严重阻碍企业的可持续发展。

在股价方面，陈工孟等（Chen et al.，2005）发现，证监会对公司违规行为的处罚会降低公司的股价，提高公司审计师的变更率及有保留审计意见的发生率，增加公司更换CEO的概率。陈国进和赵向琴等（2005）发现上市公司被监管部门处罚后，股票收益下降，投资者遭受非正常损失，公司后续资本市场表现下降。刘丽华等（2019）对违规事件的传染效应进行了研究，结果表明当证监会等监督机构公布集团内成员公司因违规行为受到处罚的相关公告后，不仅受到处罚公司的股价会显著下跌，而且集团内部其他公司的股价也会显著下跌。

在股权融资方面，赫里巴尔和詹金斯（Hribar and Jenkins，2004）认为会计重述违规能够显著增加公司权益资本成本，特别是在审计师发起的重述和公司杠杆较大的公司中这种影响更加明显。巴多斯和米什拉（Bardos and Mishra，2014）研究结果显示，当公司发生财务重述后会带来公司股权成本的增加，并且如果公司因为财务重述而被起诉的话，股权成本会增加得更多。

在债务融资方面，公司违规大大增加了投资者对公司信用风险和信息风险的预期和认知，进而提高了融资难度。格雷厄姆等（Graham et al.，2008）发现，进行财务重述的企业必须承担更高的贷款成本，而如果重述是由违规性企业活动造成的，这种关系更加明显。林晨等（Lin et al.，2013b）直接研究了企业违规与银行贷款成本之间的关系，他们的发现与格雷厄姆等（Graham et al.，2008）一致。陈运森等（Chen et al.，2011）发现与处罚前相比，处罚后企业获得的银行贷款较少，利率较高。奥特雷等（Autore et al.，2014）指出，违规公司在获得外部融资方面更加困难，因此不得不在违规披露后的 3 年内大幅减少其在资本支出和研发方面的投资，这极大地影响了其投资发展。费尔斯等（Firth et al.，2011）基于企业伪造财务报表的案例发现，造假企业的资本成本更高，CEO 离职率更高。巴拉斯等（Bharath et al.，2008）和哈桑等（Hasan et al.，2012）指出，企业的财务报告质量对其债务成本有显著影响。龚光明等（Gong et al.，2017）在中国语境中证实了这种关系。然而，陈淑萍等（Chen et al.，2015）指出，使用财务或非财务信息的前提是保证这些信息能够反映企业的实际业绩。大部分的违规行为都与财务报告的不当行为有关，这可能会导致投资者对公司财务信息的可靠性产生不确定性。袁庆波和张云彦（Yuan and Zhang，2016）证实，企业违规会显著增加违规企业的信息风险，进而增加其融资难度。因此，与非违规公司相比，违规公司的信息问题更严重，从而导致更高的债券成本。张旻等（Zhang et al.，2018）发现，违规公司的债券成本更高，他们需要支付更高的发行费用、票面利率以及承受更大幅度的价格低估，且发行的债券往往获得较低的评级。陈运森和王汝花（2014）研究发现当公司因违规受到处罚时，其商业信誉额度会显著减少且其使用成本会显著增加。朱沛华（2020）研究发现上市公司违规导致企业融资规模下降，并且进一步影响企业的融资结构，具体来说公司违规主要降低了公司长期贷款与发行债券的融资能力，推动企业转向成本更高的租赁融资与短期贷款融资。

　　企业违规行为除了存在信用风险和信息风险外，还会损害企业的声誉。卡尔波夫等（Karpoff et al.，2008）发现声誉损失所造成的间接损害远远大于法律和监管制度所施加的直接罚款。他们指出，执行措施造成的声誉损害增加了客户流失的可能性和更大的资本成本，浪费公司资源响应诉讼，并需要更多的运营成本来实施新的监控政策，这与卡尔波夫和洛特（Karpoff and Lott，1993）发现的结果类似。

　　另外，朱春艳和伍利娜（2009）从审计师的角度，发现如果上市公司被证监会、深交所和上交所处罚，将显著增加审计师出具非标准审计意见的可能性及审计费用。钱爱民等（2018）的研究结果表明，公司违规会对相关审计师的声誉产生负面影响，主要体现在使得该审计师降低后续收费，增加其后续所审计上市公司处罚的可能性。陆蓉和常维（2018）的研究结果表明，上市公司违规会增加同一地区其他上市公司违规行为，即上市公司违规会产生地区"同群效应"。关于上市公司违规行为后果的研究如表2－6所示。

表 2 - 6　　　　　　　　　　　关于上市公司违规行为后果的研究

	后果	代表文献
直接损失	诉讼费、客户索赔、监管处罚等	Davidson et al. （1988）；Lin et al. （2013b）
间接损失	股价下跌	Chen et al. （2005）；陈国进和赵向琴等（2005）；刘丽华等（2019）
	提高股权融资成本，加大股权融资困难	Hribar and Jenkins （2004）；Bardos and Mishra （2014）
	提高债务融资成本，加大债务融资困难	Graham et al. （2008）；Bharath et al. （2008）；Chen et al. （2011）；Firth et al. （2011）；Hasan et al. （2012）；Lin et al. （2013b）；Autore et al. （2014）；Chen et al. （2015）；Yuan and Zhang （2016）；Gong et al. （2017）；Zhang et al. （2018）；陈运森和王汝花（2014）；朱沛华（2020）
	企业声誉受损	Karpoff and Lott （1993）；Karpoff et al. （2008）
	增加审计师出具非标准审计意见的可能性及审计费用	朱春艳和伍利娜（2009）
	提高同地区其他上市公司违规的概率	陆蓉和常维（2018）

资料来源：笔者查阅文献整理所得。

　　根据舞弊三角理论可知，公司违规行为的发生是动机、机会和自我合理化这三大要素共同催化的结果，三者缺一不可。显然，公司和监管部门难以消除公司的违规动机，但是可以通过制度的设计减少违规的机会，因此通过上述文献梳理，本书发现现有文献主要从公司内外部治理的视角探讨了公司违规行为的影响因素，并且重点探讨了公司内部治理与公司违规行为的关系，而关于公司外部治理与公司违规行为关系的研究则相对较少。在公司违规的经济后果方面，现有文献主要探讨了公司违规被稽查后对公司产生的破坏性冲击，突出了本研究的现实意义。

2.2 上市公司终极控制权的相关研究

2.2.1 终极控制权的确立、测度及其延伸性研究

伯利和米恩斯（Belre and Means，1932）认为美国现代企业是广泛持股的，其所有权分布于众多小股东手中，而控制权则集中在管理人员手中，这开启了人们对现代公司两权分离治理问题的研究，众多学者也在此分析框架下对经理人与所有人之间的委托代理问题进行了积极的探索与研究。然而，随着时间的推移，越来越多的学者发现广泛分散的公司所有权模式并不常见，伯利和米恩斯（Belre and Means，1932）提出来的普遍持股现象只出现在处于富裕国家且以普通法为基础的大型企业当中。可实际上，不论是发展中国家还是发达国家，大型公司都会有大股东，并且这些大股东还会积极地参与公司治理。在这类公司的治理中，关键的利益冲突是控股股东与非控股股东的利益冲突，而非股东和职业经理人的利益冲突。

拉波塔等（La Porta et al.，1999）首次明确定义并定量分析了公司控制权问题：①承袭伯利和米恩斯（Belre and Means，1932）的理论逻辑，认为当股东投票权（持股比例）低于20%时，即完全失去控制并监管公司管理层的激励，因而操作性地以20%的股东投票权为界，当股东投票权大于20%时，认为公司存在控股股东，并以最大控制链为线索，向上追溯至金字塔型控制结构的顶端，即为公司终极控制人，否则就是广泛持有型公司。②建立了金字塔型控制结构中的公司终极现金流权与终极控制权的测度方法：前者应该等于控制链各层级投票权的乘积，后者应该等于控制链各层级投票权的最小值，即 WLP（weakest link principle）方法。③将控制

权等同于投票权，因此金字塔型结构成为分离终极现金流权与终极控制权的重要手段。

以此为发端，学者们运用 WLP 方法进行了一系列的后续研究。如克莱森斯等（Claessens et al.，2000）、法西奥和郎咸平（Faccio and Lang，2002）、甄红线和史永东（2008）、李伟和于洋（2012）、阿米纳达夫和帕帕约安努（Aminadav and Papaioannou，2020）等的研究试图回答在不同国家（或地区）、不同市场及法律环境条件下，"哪些机构或自然人实际控制着上市公司"这一问题。进一步，更多研究的着眼点投向了终极控制权及其与现金流权的分离与公司行为及业绩之间的关系，即公司现金流权的激励效应及其与终极控制权的分离所导致的壁垒效应的多角度实证检验。

2.2.1.1 终极控制权及其与现金流权的分离对公司业绩的影响

现有研究表明大股东的存在对公司价值既存在正面的激励效应又存在负面的壁垒效应。主要表现：一方面，大股东的现金流权带来了正面的激励效应，较大的现金流权代表大股东侵占中小股东利益时，也会损害自身的利益，因此当现金流权越大时，大股东越有可能提升公司价值；另一方面，终极控制权与现金流权的分离带来了负面的壁垒效应，较大程度的分离意味着大股东为了私有收益侵占公司利益时，只付出较少的现金流收益，因此分离度越大，大股东越有可能为了获得私有收益而损害公司价值。克莱森斯等（Claessens et al.，2002）的研究结果表明，终极现金流权会显著正向影响企业价值，但终极控制权与现金流权的分离会显著抑制公司价值。莱蒙和林斯（Lemmon and Lins，2003）的研究表明，终极控制权与现金流权的分离使公司的股票回报率低 10% ~ 20%。阿索弗拉和桑塔马利亚（Azofra and Santamaria，2011）分析了终极所有权和控制结构如何影响西班牙商业银行 1996 ~ 2004 年的绩效，研究发现西班牙商业银行中存在终极控股股东的占比达到96%，终极控股股东的控制权与现金流权的差距增大会使银行业绩变差，而在两者不存在差异时，股权集中度与商业银行的绩效之间存在非单调关系。苏坤等（Su et al.，2017）研究发现当终极控制权与现金流权的分离程度较大时，终极股东为了私人利益，会减少公司风险承担水平，此外终极控制权和现金流权之间的差异与公司价值显著负相关。豪伊等（Hooy et al.，2020）基于2001~2012年马来西亚上市公司的数据，发现终极所有权与公司绩效呈非线性关系，即在终极所有权水平较低的情况下，企业确实表现得更好，但一旦终极所有权超过一个阈值，企业绩效就会下降，并且拥有多个控制链的终极所有者下的公司比没有多个控制链的公司的绩效可能更差。王鹏和周黎安（2006）研究发现大股东控制权和现金流权对企业业绩的影响分别体现了"侵占效应"和"激励效应"，即大股东控制权的增加会降低企业业绩，大股东现金流权的增加会提高企业业绩。杨淑娥和苏坤（2009）研究发现民营企业终极控股股东的现金流权能够显著提升企业绩效，而其与控制权的分离程度越大越不利于企业价值。冯旭南等（2011）则分析得出上市家族企业的终极所有权与企业价值呈现倒U形关系，并且两权分离度与企业价值负相关。甄红线等（2015）研究发现在相对落后的制度环境下，终极控制权集中可以降低代理成本，使公司治理效率提高，进而提升了企业绩效，同时外部环境对于终极控制权集中与企业绩效之间的关系起到了负向调节作用，即外部环境的改善会降低终极控制权集中对企业绩效的提升。甄红线等（2017）研究了企业"金字塔"横向结构特征和纵向结构特征对于公司业绩的影响，其中"金字塔"横向特征的"金字塔"链条数与企业业绩正相关；纵向特征的"两权分离度"越大，终极所有者与公司之间隔离带越长，信息越不对称，政府的行政干预和企业的政策性负担越少，公司业绩也越好。而张大勇（2018）研究得出国有控股上市公司的"金字塔"层级数能显著提升企业业绩，而控制链条数会显著降低企业业绩。

2.2.1.2　终极控制权及其与现金流权的分离对公司行为的影响

根据公司治理理论及相关文献，终极控制人的股权结构与公司行为存在明显的因果关系，现有研究主要探讨了终极控制权及其与现金流权的分离对公司投资行为、融资行为、会计行为、资本结构、现金持有、信息披露、社会责任履行和关联交易等方面的影响。

1. 对公司投资行为的影响

魏国强和张翼（Wei and Zhang，2008）研究发现企业资本投资对现金流的敏感度会受到企业终极控股股东的现金流权及其与控制权的分离度的影响，这种敏感度与前者负相关而与后者正相关。卡普里奥等（Caprio et al.，2011）发现终极所有权与发起收购的概率负相关，家族企业进行收购的可能性较小，特别是当家族所持有的股份不足以确保家族控制的持久性时；大股东的所有权对接受收购提议决定的影响，非线性地取决于他们所持有的投票权，家族控制降低了被无关方收购的可能性。贺佳等（He et al.，2013）发现公司终极现金流权与其投资额表现出显著的正相关关系。王瑞琪等（Wang et al.，2017）研究了终极所有权对研发支出与未来绩效之间关系的调节作用，发现终极控股股东的投票权对两者关系具有正向调节作用。樊双瑞和王聪（Fan and Wang，2019）发现终极所有权类型能够调节企业年龄与研发投资之间的关系。王慧等（Wang et al.，2021）认为股权集中度越高，第一大股东持有的股权越多，控制权就越强，此时如果公司投资失败，将承担更大的损失，因此企业可能会采取保守的态度，降低其风险承担水平。俞红海等（2010）研究发现终极现金流权与终极控制权的分离度越高，公司越有可能发生过度投资行为。郝颖等（2012）研究发现终极所有权与上市公司在固定资产、无形资产和股权并购方面的资本投资显著负相关，而与企业研发投入显著正相关。陈旭东等（2013）认为终极控制人的两权分离容易引发企业的多元化并购，并且多元并购比同业并购所产生的并购绩效更低。窦炜等（2016）在研究控制权配置模式对企业投资效率的影响时发现，终极所有权、控制权及其两者之间的分离度显著正向影响公司投资效率损失，当多个控制权主体共同控制同一个上市公司时，对投资效率起决定性作用的是多个控制主体之间相对持股比例。

2. 对公司融资行为的影响

林晨等（Lin et al.，2011）研究发现两权分离度越大的企业，其债务融资成本更高。接着，林晨等（Lin et al.，2012）进一步研究表明，终极控制权与现金流权的分离程度能够显著影响公司银团贷款集中度和组成。林晨等（Lin et al.，2013a）认为两权分离度越高，公司对银行债务融资的依赖性越低，此外还会影响债务结构的其他方面，包括债务期限和安全性。倪中新等（2015）发现控股股东的现金流权水平会显著增加公司股权融资比例。肖作平（2016）研究发现金流权的增加能够显著降低权益资本成本，而两权分离度的增加会提高权益资本成本，同时，国有控股上市公司比非国有控股的权益资本成本要高。肖作平和刘辰嫣（2018）使用 Poisson 模型研究了两权分离度对公司债券限制性条款的影响，结果显示两权分离度能够显著正向影响公司债券限制性条款，良好的金融发展会削弱这种正相关关系。杨慧辉等（2018）的研究结果显示，国有控股上市公司推行股权激励导致公司信贷规模扩大、信贷期限延长和信贷成本上升，而在非国有控股上市公司中推行股权激励与信贷契约的关系受到两权分离度的影响，当两权匹配时，推行股权激励会带来宽松的信贷契约；当两权分离时，推行股权激励会带来严苛的信贷契约。

3. 对公司会计行为的影响

鲍舒吉和勒韦林（Bao and Lewellyn，2017）通过对 24 个新兴市场 1200

家公司的多层次实证分析发现，在新兴市场第一大股东控制权水平与公司盈余管理行为正相关，而一个国家的中小股东保护水平对控制权水平与盈余管理活动之间的正相关关系起到了削弱的作用。王俊秋和张奇峰（2007）研究发现，在家族控制的上市公司中终极所有权越高越有利于公司盈余信息含量的提高；而终极所有权和控制权的分离程度会显著地负向影响盈余信息含量。谢盛纹（2011）研究发现，终极控制人非政府的上市公司，审计行业专业性对控股股东侵占成本具有约束作用，且其控股股东的两权分离度能够强化这种约束作用。李涛（2018）发现现金流权显著负向影响公司财务重述行为，而两权分离度越大，会使得公司财务重述行为更加严重。刘志远和高佳旭（2019）的研究结果表明，上市公司金字塔型结构的层级越多和结构越复杂，会带来较大幅度的企业盈余波动。

4. 对公司资本结构的影响

邦坎瓦尼察等（Bunkanwanicha et al.，2008）发现终极控股股东的现金流权越大，企业资产负债率越低，而终极控制权与现金流权的分离度越大，企业资产负债率越高。帕利戈罗娃等（Paligorova et al.，2012）研究发现拥有金字塔型股权结构的企业，其资产负债率更高，终极控制人所有权与控制权的分离度越大，公司资产负债率越高。苏坤等（Su et al.，2013）研究发现终极控股股东的两权分离程度显著正向影响资产负债率，而现金流权显著负向影响资产负债率。周婷和谢珺（Zhou and Xie，2016）考察了终极所有权性质是否会影响上市公司对目标资本结构的调整速度，发现国有企业的杠杆率较高，对目标资本结构的调整速度较慢。韩亮亮和李凯（2008）发现终极控制权与现金流权的分离程度越小，企业总资产负债率和流动负债率越高。闫华红和王安亮（2013）研究发现终极控制人的两权分离程度越高，企业资产负债率也越高，且在两权存在分离的情况下，非国有控制企业的资产负债率更高，控制链长度与公司资产负债率显著正相关。宋小保（2014）也发现，民营上市公司中的终极控制人的两权分离度显著正向影响企业资产负债率。

5. 对公司现金持有的影响

沈艺峰等（2008）研究了不同性质的终极控制人对两权分离度与现金持有水平之间的关系的影响，发现当终极控制人为国有企业时，两权分离度能够提升现金持有水平，当终极控制人为非国有企业时，两权分离程度不会对上市公司现金持有水平产生影响。孙健（2008）研究发现国有终极控股公司的两权分离度不会显著影响超额现金持有水平，而民营终极控股公司的两权分离度显著正向影响超额现金持有水平。罗琦和胡志强（2011）认为两权分离度越大，越会导致较高的公司现金 - 现金流敏感度和较低的现金价值。刘慧龙等（2019）研究发现"金字塔"链条增加能够显著地弱化现金持有水平的竞争效应。曹海敏和李三印（2020）研究发现终极控股股东的两权分离度能够显著负向影响公司现金持有价值，并进一步分析了其运作机理，发现资本机构在两者之间起到了中介作用，即资本机构成为终极控股股东进行资金侵占的主要工具。

6. 对公司信息披露的影响

范博宏和黄德尊（Fan and Wong，2002）研究发现在金字塔型结构或交叉控股的股权结构下，终极控制人较高的两权分离度会使得控制人为了追求私人收益，降低公司盈余的信息含量。博瓦克尔等（Boubaker et al.，2014）经过研究发现，实际控制人较高的两权分离度会使得其为掩盖自身机会主义行为而减少公司特定信息的披露，且更有可能采取不良披露政策和积累坏消息。王鹏等（Wang et al.，2018）发现政府控制的上市公司更有可能披露环境信息，提供更高质量的环境信息，且从终极所有者到上市公司的"金字塔"层数与环境信息披露水平呈负相关，控制权和现金流权之间的差异与环境信息披露水平呈正相关。马忠和吴翔宇（2007）研究发现在家族控股上市公司中，终极控股股东较大的两权分离程度会降低公司自愿性信息披露水平，这不利于企业会计信息透明度的提升。苏坤和杨淑娥（2009）研究发现民营上市公司终极控制人现金流权的增加会提高公司透明度，而终极控制人两权分离度的增加会显著降低公司透明度。王艳艳和于李胜（2011）研究发现在民营上市公司中，随着其终极控制权的增大，公司管理层周末披露盈余信息的概率先增大后减小，即两者之间存在倒 U 形关系，而两权分离度的增加会提高公司管理层周末披露盈余信息的概率。唐跃军和左晶晶（2012）研究发现终极控制人较高的所有权和控制权会显著提高企业信息披露指数、信息披露的可靠性和及时性，但不会显著影响信息披露相关性。王立章等（2016）研究发现两权分离越高导致股价中包含的公司特质信息越少，因此股价的同步性越高。沈华玉等（2017）发现控股股东控制权越高会提高股价崩盘风险，这是因为当控股股东控制权较高时，控股股东可以更好地对消息进行管理并隐藏坏消息，进而提高了股价崩盘的风险。另外，田昆儒和田雪丰（2019）研究发现终极控制人的控制链越长，越会增加企业进行信息操纵、隐藏坏消息的概率，进而增加公司股价崩盘的风险。

7. 对公司社会责任履行的影响

古勒等（Ghoul et al.，2016）利用东亚 9 个经济体上市公司终极所有权结构的数据，发现家族控制的公司表现出较低的社会责任。另外，崔秀梅和刘静（2009）研究发现在政府作为终极控制人的上市公司里，市场化程度能够显著提升企业强制性社会责任的履行程度。王建玲和宋林（2014）研究结果显示整体上终极控制权对企业社会责任报告质量没有显著影响，但处在 30% ~50% 区间内的终极控制权能够显著正向影响企业社会责任报告质量。

8. 对公司关联交易的影响

简明和黄德尊（Jian and Wong，2010）研究发现国有控制的上市公司与大股东之间的异常关联销售更加普遍。彭倩等（Peng et al.，2011）研究发现不论是在财政良好时期还是财政困难时期，控股股东都有可能实施关联交易，但是其目的不同，财政困难时期的关联交易是支撑企业，而财政良好时期的关联交易是掏空公司。王鹏和周黎安（2006）认为大股东的控制权越大越有可能导致资金占用率的上升，而大股东的现金流权越大，越有利于降低上市公司的资金占有率。黎来芳等（2008）经过研究发现终极控股股东所有权显著负向影响上市公司资金占用规模，同时还发现在政府作为终极控制人的情况下，公司资金占用规模会更小。王烨（2009）发现控制链层级越多，控制性股东对公司的资金占用显著性越高。

关于终极控制权确立及测度研究如表2-7所示，基于WLP方法测量的终极控制权的延伸性研究如表2-8所示。

表 2-7   关于终极控制权确立及测度研究

变量	确立及测度	代表文献
终极控制权	● 以20%的投票权（持股比例）为界，当股东投票权大于20%时，则认为公司存在控制性股东，并以最大控制链为线索，向上追溯至金字塔型控制结构的顶端，即为公司终极控制人；当股东投票权小于20%时，则为不存在控制人的广泛持有型公司 ● 建立了金字塔型控制结构中的公司终极现金流权与控制权的测度方法：前者等于"控制链中各层级投票权乘积"，而后者则等于"控制链中各层级投票权最小值"，即 WLP（weakest link principle）方法 ● 将控制权等同于投票权，因此金字塔型结构成为分离终极现金流权与终极控制权的重要手段	La Porta et al. (1999)

资料来源：笔者查阅文献整理所得。

表 2-8   基于 WLP 方法测量的终极控制权的延伸性研究

研究问题	代表文献
在不同国家（或地区）、不同市场及法律环境条件下，"哪些机构或自然人实际控制着上市公司"	Claessens et al.（2000）；Faccio and Lang（2002）；Aminadav and Papaioannou（2020）；甄红线和史永东（2008）；李伟和于洋（2012）

续表

研究问题		代表文献
终极控制权及其与现金流权的分离与公司行为及业绩之间的关系，即终极现金流权的激励效应，及其与终极控制权的分离所导致的壁垒效应	与公司业绩的关系	Claessens et al.（2002）；Lemmon and Lins（2003）；Azofra and Santamaria（2011）；Su et al.（2017）；Hooy et al.（2020）；王鹏和周黎安（2006）；杨淑娥和苏坤（2009）；甄红线等（2015）；甄红线等（2017）；张大勇（2018）
	与公司投资行为的关系	Wei and Zhang（2008）；Caprio et al.（2011）；He et al.（2013）；Wang et al.（2017）；Fan and Wang（2019）；俞红海等（2010）；郝颖等（2012）；陈旭东等（2013）；窦炜等（2016）
	与公司融资行为的关系	Lin et al.（2011，2012，2013）；倪中新等（2015）；肖作平（2016）；肖作平和刘辰嫣（2018）；杨慧辉等（2018）
	与公司会计行为的关系	Bao and Lewellyn（2017）；王俊秋和张奇峰（2007）；谢盛纹（2011）；李涛（2018）；刘志远和高佳旭（2019）
	与公司资本结构的关系	Bunkanwanicha et al.（2008）；Paligorova and Xu（2012）；Su et al.（2013）；Zhou and Xie（2016）；韩亮亮和李凯（2008）；闫华红和王安亮（2013）；宋小保（2014）
	与公司现金持有的关系	沈艺峰等（2008）；孙健（2008）；罗琦和胡志强（2011）；刘慧龙等（2019）；曹海敏和李三印（2020）
	与公司信息披露的关系	Fan and Wong（2002）；Boubaker et al.（2014）；Wang et al.（2018）；Liang et al.（2020）；马忠和吴翔宇（2007）；苏坤和杨淑娥（2009）；王艳艳和于李胜（2011）；唐跃军和左晶晶（2012）；王立章等（2016）；沈华玉等（2017）；田昆儒和田雪丰（2019）
	与公司社会责任履行的关系	Ghoul et al.（2016）；高敬忠和周晓苏（2008）；崔秀梅和刘静（2009）；王建玲和宋林（2014）
	与公司关联交易的关系	Jian and Wong（2010）；Peng et al.（2011）；王鹏和周黎安（2006）；黎来芳等（2008）；王烨（2009）

资料来源：笔者查阅文献整理所得。

综上，现有文献对终极控制权与公司的行为及业绩进行了大量的研究，但是这些研究对于核心变量终极控制权的度量，均完全基本采用拉波塔等（La Porta et al.，1999）提出的经典方法——WLP方法，将控制权等同于投票权，这种方法虽然简单、直接，但缺乏理论依据，因此存在潜在的严重问题：①门槛值的使用不可避免地是任意的，并导致反直觉的结果。例如，我们很难接受，如果一家公司只有一个大股东持有19%的投票权，而其他81%的股份分散在众多小股东手中，按照20%的门槛值，这家公司属于广泛持有型公司。②将控制权等同于投票权是不恰当的，股东的控制权应该是其投票权相对于他人的相对权力，而不是其投票权的绝对数量。③在金字塔型控制结构中，控制权的衡量似乎是有问题的。首先考虑以下两个控制链，如图2-1所示，按照拉波塔等（La Porta et al.，1999）提出的WLP方法，终极所有者对公司的控制权大小应该等于控制链中各层级持股比例最小值，终极所有者1对于公司B的控制权为26%，同理终极所有者2对公司D的控制权也为26%，两者相同，但是这似乎是不合理的，虽然这两个中间公司A和C在控制链底部的公司中拥有相同的持股比例，但终极所有者2能保证赢得公司C的多数投票，而终极所有者1不能保证赢得公司A的多数投票。因此，终极所有者2对公司D的控制权应该大于终极所有者1对公司B的控制权。现在考虑另外两个控制链，也如图2-1所示，拉波塔等（La Porta et al.，1999）的WLP方法将处于各自控制链底部的公司的控制权平等地分配给了终极所有者3和终极所有者4，但这似乎也是不合理的，直觉上终极所有者3对公司E的控制权应该大于终极所有者4对公司I的控制权。综上，WLP的主要问题是，在某些情况下，它无法产生与终极所有者控制权是什么这一合理概念相一致的控制权衡量措施。④壁垒效应和激励效应通常的代理变量分别是终极控制权比例（控制链各层级投票权的最小值）和终极现金流权比例（控制链各层级投票权的乘积），这两者之间高度相关，因此很难在数据中区分这两种效应（Guedes and Loureiro，2006）。⑤股东之间的权力斗争不是一个非合作博弈，而是一个合作博弈。随着公司内外部场景的变化，股东之间形成了不同的合作。基于WLP方法所存在的问题，本研究需要寻找新的方法重新定义并构建中国上市公司的终极控制权测度体系，以对终极控制权及其相关问题进行进一步研究。

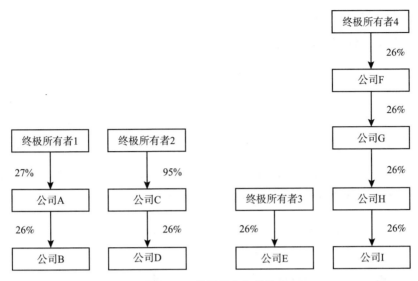

图 2 - 1   公司所有权结构

2. 2. 2   夏普利权力指数方法及其在控制权相关研究中的运用

对于 WLP 方法所存在的上述问题及面临的逻辑困境，夏普利和舒比克（Shapley and Shubik，1954）建立的夏普利权力指数（Shapley-Shubik Power Index，SPI）方法提供了具有特殊理论洞察的解决途径。夏普利权力指数方法主要用于计算政治博弈中不同政治团体实际权力大小，其以合作博弈为理论基点，衡量了拥有特定投票权的政治团体决定投票结果的能力。其核心思想为：在一个政治博弈中，某一政治团体可通过与其他政治团体形成联盟的方式，获得议案通过所需要的投票数。某政治团体的夏普利权力指数是指在各种可能的博弈联盟组合中，某一政治团体对联盟获胜的边际贡献之和与各种可能的联盟组合总数之比（边际贡献就是某政治团体加入某联盟，则该联盟获胜，反之则失败）。其具体计算公式为：

$$SPI_i = \sum_{S \in S_i} \frac{(|S|-1)!(n-|S|)!}{n!} [V(S) - V(S-\{i\})] \qquad (2-1)$$

其中，SPI_i 为政治团体 i 的夏普利权力指数；N 是参与博弈的政治团体集合；n 为参与博弈的政治团体总数；S_i 是 N 中包含 i 的一切子集所组成的集合，$S \in S_i$；$V(S)$ 表示联盟的结果，当联盟 S 获胜时，$V(S)=1$，否则，$V(S)=0$；$V(S-\{i\})$ 表示联盟 S 去掉参与人 i 后的结果；$|S|$ 为联盟 S 中的参与人数。$SPI \in [0,1]$，取值越大表示该政治团体决定投票结果的能力越大，若 $SPI=0$ 表示该政治团体对投票结果没有影响，$SPI=1$ 表示该政治团体拥有完全的控制权，不受其他政治团体的制衡，完全可以决定投票结果（"独裁者"），参与博弈的所有政治团体的 SPI 之和等于 1。

夏普利权力指数提供了对拥有特定投票权比例的选民决定投票结果能力的衡量，不仅考虑了获胜所需的总体比例，而且还考虑了其他选民投票权的分配（Felsenthal and Machover，1998），这为企业控制权的衡量提供了自然的基础（Leech，1988，2002；Edwards and Weichenrieder，2009），目前已有部分研究运用夏普利权力指数方法测量股东控制权，在此基础上，考察股东控制权与公司行为及价值的关系。

2.2.2.1　控制权与公司所处法律环境之间的关系

内诺娃（Nenova，2003）以 18 个国家的 661 家双重股权结构的公司为样本，以持股 5% 以上的股东为博弈参与人，测算其夏普利权力指数，发现在英美法系的国家，控制性大股东投票权价值占该国总市值的比例明显较低。阿米纳达夫和帕帕约安努（Aminadav and Papaioannou，2020）利用 2004 ~ 2012 年 127 个国家的 42720 家上市公司的数据，基于夏普利权力指数方法，将公司分为存在控股股东型公司、广泛持有型公司或没有控股股东但有股权超过 5% 的广泛持有公司，发现不同法律环境下的公司控制权存在很大差异，在大陆法系国家，政府和家庭控制是普遍存在的。

2.2.2.2 控制权与公司资本市场业绩之间的关系

古格勒和尤尔托格鲁（Gugler and Yurtoglu，2003）以德国公司为样本，采用夏普利权力指数方法计算股东控制权，发现第一大股东控制权与公司股利支付比率显著负相关。莫里和帕尤斯特（Maury and Pajuste，2005）以前三大股东及其余所有小股东（作为一个集合）作为博弈参与人，发现第一大股东的控制权（夏普利权力指数）及其与所有权的分离度与公司价值呈显著负相关。格德斯和洛雷罗（Guedes and Loureiro，2006）以欧洲 204 家企业为样本，以持股 5% 以上的股东及其余所有小股东（作为一个集合）作为博弈参与人，计算大股东的相对控制权（夏普利权力指数），发现大多数英国公司的主要股东的夏普利权力指数低于估计的阈值（0.34），相比之下，样本中大约一半的欧洲大陆公司的主要股东的权力指数高于估计的阈值（0.34），在高权力指数下，侵占动机与公司价值之间存在显著负相关关系；在阈值以下，没有发现这样的关系。爱德华和魏兴里德（Edwards and Weichenrieder，2009）采用夏普利权力指数方法计算第一大股东控制权和终极控制权，发现其与公司股票价值显著负相关。安德烈斯等（Andres et al.，2013）利用德国公司 921 个观测值，以持股 5% 以上的股东及其余所有小股东（作为一个集合）作为博弈参与人，发现第一大股东的投票权（夏普利权力指数）与累计超额收益率呈现驼峰形或 U 形的非线性关系。另外，刘星和刘伟（2007）利用夏普利权力指数方法，发现控股股东夏普利权力指数越大，企业价值越低。

2.2.2.3 控制权与公司并购业绩之间的关系

蒋弘和刘星（2012）以中国上市公司 1999～2006 年的并购交易案为样

本，运用夏普利权力指数方法，以前五大股东及其余小股东（作为一个整体）为博弈参与人，测量公司股权制衡度，发现公司股权制衡度越高有利于提高并购绩效。另外，刘星和蒋弘（2012）以同样的方法，发现股权制衡度有利于提高并购绩效。

2.2.2.4　控制权与公司高管行为之间的关系

克雷斯皮和雷内布格（Crespi and Renneboog，2010）以英国上市公司为样本，以持股的董事和持股超过 3% 的股东作为博弈参与人，计算大股东的相对控制权（夏普利权力指数），发现相对控制权高的股东或股东联盟更有可能撤换表现不佳的管理层。蒋弘和刘星（2012）以中国上市公司 1999 ~ 2006 年的并购交易案为样本，以前五大股东及其余小股东（作为一个整体）为博弈参与人，发现股权制衡度与高管私有收益显著负相关。

2.2.2.5　控制权与公司投融资行为之间的关系

帕利纳和雷内布格（Pawlina and Renneboog，2005）以持股 5% 以上的股东为博弈参与人，发现投资 - 现金流敏感性与内部人（管理层）控制权（夏普利权力指数）之间存在 S 形关系，并且外部控制性大股东（政府机构、金融机构等）能降低投资 - 现金流敏感性。阿提格等（Attig et al.，2008）利用东南亚 8 个国家和地区，以及西欧 13 个国家的 1165 家公司的数据，以前五大股东及"小股东"（第六至第十大股东持股比例之和）为博弈参与人，发现"小股东"的夏普利权力指数与其总持股比例之比与公司权益资本成本显著负相关。安灵等（2008）运用基于海洋博弈的夏普利权力指数方法，以前十大股东及其余所有股东（作为一个集合）为博弈参与人，计算大股东的控制力和股权制衡度，发现第一大股东控制力（夏普利权力指数）对上市公司非效率投资行为的影响是非线性的；股权制衡与大股东过度投资呈现负相关关系。另外，刘星和安灵（2010）采用相同的方法，发现在非政府控制的公司，第一大股东的控制度与投资绩效之间呈现先下降后增加的关系，控制人为市县级政府和非政府的上市公司，其股权制衡度越大越有利于投资绩效的提升。

2.2.2.6　控制权与公司股权转让行为之间的关系

邓建平和曾勇（2004）以中国发生股权转让的上市公司为样本，以第一、二大股东及其余所有小股东（作为一个集合）为博弈参与人，发现股权转让后的新控股股东夏普利权力指数与控股股权转让溢价显著正相关。吴超鹏等（2006）以相同方法，发现股改前第一大股东夏普利权力指数与股改对价送达率、送出率显著正相关。李建标等（2008）通过实验方法，以前五大股东为博弈参与人，研究了股东控制权（夏普利权力指数）分散程度对控制权溢价的影响。

2.2.2.7　控制权与公司违规行为之间的关系

王敏和何杰（2020）运用夏普利权力指数方法，以2001～2017年沪深主板上市公司全样本数据，测量中国上市公司大股东的真实控制权（SPI），进而采用部分可观测 Bivariate Probit 模型，考察其对公司违规的影响。研究表明：大股东控制权越大，公司违规倾向越低，其违规行为被稽查出的可能性越大；进一步区分公司违规主体发现，大股东控制显著降低了经营层违规倾向，增加其违规行为被稽查出的可能性，但却显著降低了股东违规被稽查出的可能性。SPI 方法在公司实际控制权相关研究中的运用如表 2 - 9 所示。

表 2 - 9　　　　　SPI 方法在公司实际控制权相关研究中的运用

研究问题	代表文献
控制权（SPI）与公司所处法律环境之间的关系	Nenova（2003）；Aminadav and Papaioannou（2020）
控制权（SPI）与公司资本市场业绩的关系	Gugler and Yurtoglu（2003）；Maury and Pajuste（2005）；Guede and Loureiro（2006）；Edwards and Weichenrieder（2009）；Andres et al.（2013）；刘星和刘伟（2007）
控制权（SPI）与公司并购业绩的关系	蒋弘和刘星（2012）；刘星和蒋弘（2012）
控制权（SPI）与公司高管行为的关系	Crespi and Renneboog（2010）；蒋弘和刘星（2012）
控制权（SPI）与公司投融资行为的关系	Pawlina and Renneboog（2005）；Attig et al.（2008）；安灵等（2008）；刘星和安灵（2010）
控制权（SPI）与公司股权转让行为的关系	邓建平和曾勇（2004）；吴超鹏等（2006）；李建标等（2008）
控制权（SPI）与公司违规行为的关系	王敏和何杰（2020）

资料来源：笔者查阅文献整理所得。

　　总的来说，运用夏普利权力指数方法探讨股东控制权的相关研究文献仍十分有限，尤其国内更加匮乏，并且对夏普利权力指数的认识和理解也不够清晰准确，因此在运用上较为混乱。另外，现有研究仅运用夏普利权力指数方法考察了企业股权控制直接层面的大股东控制权的测度及其相关研究，而对于金字塔型控制结构下的终极控制权的测度问题及其相关研究相对缺乏，目前仅有爱德华和魏兴里德（Edwards and Weichenrieder，2009）运用此方法分析了德国上市公司的终极控制权问题，尚未发现运用此方法考察中国上市公司终极控制权相关问题的实证研究。

2.3　终极控制权与上市公司违规行为

　　通过前述对上市公司违规行为影响因素研究的分析，本书发现现有文献主要基于舞弊三角理论研究了公司内外部治理对公司违规的影响。但是，基于公司治理理论及相关经验文献可知，公司违规行为显然首先与其股权结构存在明确的因果关系（何杰和王果，2013）。陈工孟等（Chen et al.，2006）发现当使用单变量分析时，股权结构对解释公司欺诈行为非常重要。另外，崔大雄等（Choi et al.，2020）也认为股权结构与公司欺诈可能性之间存在因果关系。梁杰等（2004）、刘白兰和邹建华（2008）均认为第一大股东股权集中度与公司违规行为显著负相关，即第一大股东股权集中有利于制约公司违规行为。陈国进和林辉等（2005）也发现第一大股东集中控制权可以约束公司违规行为，认为这反映了大股东"天使"的一面，而唐跃军（2007）提出不同的观点，认为第一大股东集中持股并不能约束公司违规，而是降低了其违规被查出的可能性，认为这反映了大股东"魔鬼"的一面。王斌和何林渠（2008）研究了控股股东性质与公司违规行为的关系，发现民营控股的上市公司控制链层级数越多，公司发生违规行为的可能性越大，而所有权和控制权的分离度越大，公司发生违规行为的可能性越小。冯旭南和陈工孟（2011）发现终极控制人的现金流权与上市公司信息披露违规的可能性之间表现出显著的负相关关系，即现金流权越大越有助于抑制公司信息披露违规；而终极控制人现金流权与控制权分离度显著正向影响上市公司信息披露违规的可能性。于晓强和刘善存（2012）利用262家信息披露违规公司和相应的262家配对公司，发现第一大股东持股比例越高，公司信息披露违规的可能性越小。徐筱凤等（2019）发现实际控制人的控制权比例与公司违规之间呈现显著负相关的关系，即控制权比例越高越有助于抑制企业发生违规行为。王敏和何杰（2020）发现大股东控制权越大，公司违规倾向越低，其违规行为被稽查出的可能性越大。

综上本书发现，现有关于公司股权结构与公司的违规行为的研究主要集中在第一大股东控制权对公司违规的影响上，仅有极少数学者研究了终极控制权与公司违规行为的关系，事实上，按照公司治理理论，终极控制人才是上市公司的真正决策主体，公司第一大股东的行为是由终极控制人控制的。因此，只有从终极控制人的角度，才可以更准确、更全面地分析股权结构对公司违规的影响。此外，对于这极少的关于终极控制权与公司违规行为的研究，其对终极控制权的测量均完全基本采用拉波塔等（La Porta et al.，1999）提出的 WLP 方法，但正如 2.2.1 节所述，这是一种没有理论支撑的衡量方法，因此存在一些潜在的严重问题（Edwards and Weichenrieder，2009）。

2.4 公司治理机制对终极控制权 与公司违规行为关系的影响

公司治理的产生源于企业存在的代理问题，而这些代理问题是由公司所有权和控制权的分离所导致的。伯利和米恩斯（Belre and Means，1932）认为，现代企业的组织模式不仅能够发挥职业经理人的特长，而且能够使股东分散风险。股东决策权的分离以及对职业经理人的依赖使得经理人拥有较大的管理自主权。这种决策自主权有利于发挥经理人的专业优势，但是也导致了股东与经理人之间的代理问题。

股权的分散以及职业经理人拥有的管理决策权优势，使得经理人能够在一定限度内追求自己的目标，而这可能会偏离股东利益最大化的导向（谢军，2003）。职业经理人拥有的股份（剩余索取权）越低，他们就越容易利用职权做出有损公司价值的行为，例如，通过在职消费、滥用股东财富、投资于无效率项目来构建自己的"企业帝国"等手段大量剥削公司资源。

丹尼斯和麦康奈尔（Denis and McConnell，2003）指出，公司治理本质上是一整套制度安排，主要用来解决代理问题，约束管理者按照公司所有者利润最大化的目标来进行公司的经营管理。公司治理机制又分为外部治理机制和内部治理机制，要解决因信息不对称导致的委托代理问题，不仅需要科学规范有效的内部治理机制，还需要外部治理机制发挥有效的监督治理作用，因此两者是相辅相成，缺一不可的。公司内部治理机制主要分为两大类：监督机制和激励机制，其中，监督机制实质上是所有人（股东）设计的一套监督制度，目的是为有效地控制审核管理层的经营管理行为及结果。激励机制实质上是所有人（股东）设计的一套激励制度，目的是使管理层自觉努力工作，实现股东利益的最大化。董事会作为公司内部治理机制的核心监督机制，是连接股东和管理者的桥梁，其主要作用是监督管理层，减少其败德行为，降低代理成本，以确保实现股东利益最大化。另外，中国上市公司具有独特的治理结构，既包括美国的单一董事会，也包括德国的双层董事会，因此中国上市公司同时设置了监事会作为公司内部治理的监督机构，其主要作用是：监督董事和管理层的行为，降低代理人的道德风险，减少代理成本。激励机制在公司内部治理中也发挥了重要的作用，其中对管理层的股权激励使得管理层与股东的利益形成一致，从而减少了管理层的机会主义败德行为。与内部治理机制不同，外部治理机制主要是指企业外部的市场和主体对公司行为的监督与约束，主要包括政府司法监督、分析师监督、外部审计监督和产品市场竞争程度等。

通过前述关于上市公司违规行为影响因素的分析，本研究发现学者们根据舞弊三角理论，对公司治理机制与公司违规行为之间的关系进行了大量的研究。在公司内部治理方面，学者们重点围绕着董事会、监事会和高管等几个方面展开。关于董事会特征，研究发现董事会的规模、会议次数、两职兼任（蔡志岳和吴世农，2007；杨清香等，2009；Salleh and Othman，2016），董事会的性别结构（陈丹和李红军，2020），董事会存在的非正式层级结构（刘振杰等，2019），董事会成员的网络关系（郭瑞娜和曲吉林，2020），董事成员的责任保险（李从刚和许荣，2020），董事会存在的断裂带（梁上坤等，2020），独立董事的比例（冯旭南等，2011），独立董事的专业背景（逯东等，2017；车响午等，2018），独立董事的薪酬（朱杰，2020）及独立董事的网络关系（万良勇等，2014；周泽将和刘中燕，2017）等特征均能够影响公司违规行为的发生。关于监事会特征，现有研究重点探讨了监事会的规模、会议次数、股权激励及经济独立性等特征与公司违规行为的关系（Jia et al.，2009；王果，2014；周泽将等，2019）。关于高管特征，研究发现高管的性别（王晓丹和孙涛，2020）、年龄（卢馨等，2015）、职业背景（雷宇和张宁，2019）、教育背景（鱼乃夫和杨乐，2019），高管激励机制（Conyon and He，2016；陈西婵和周中胜，2020）及高管裙带关系（Khanna et al.，2015；陆瑶和胡江燕，2016）等特征均与公司违规行为显著相关。在外部治理方面，学者们认为政府司法监督（Kedia and Rajgopal，2011；曹春方等，2017）、分析师监督（Chen et al.，2016；桂爱勤和龙俊雄，2018）、外部审计监督（Lennox and Pittman，2010；Chen，2016）和产品市场竞争程度（Balakrishnan et al.，2011；曾伟强等，2016）均能够对公司违规行为产生影响。

但是根据公司治理理论，治理机制不仅会直接影响公司违规行为，而且也可能会对终极控制权与公司违规行为之间的关系产生影响。在落后的治理环境下，公司将会存在严重的管理层代理问题，终极控制人为了自己的利益，将有很大的动机去监督管理层行为，避免公司违规行为的发生，以使公司长期价值最大化（徐筱凤等，2019）。但随着治理环境的改善，管理层代理问题得到缓解，终极控制人监督公司行为的动机将会减弱（甄红线等，2015），因此其对公司违规行为的影响也会发生变化。鉴于此，本书在分析终极控制权对公司违规的影响时，将考虑治理环境的调节作用，系统地分析在不同的内外部治理环境下终极控制权与公司违规行为之间关系的变化。

2.5 文献评述

通过对终极控制权、治理机制与公司违规行为的国内外文献的梳理，可以了解关于本书提出问题的研究现状，并通过分析总结出其中的不足之处，为本书的研究提供文献支持。

（1）现有文献主要基于舞弊三角理论，探讨了公司内外部治理机制与公司违规的影响，而关于股东控制权与公司违规的研究相对较少，且这些研究主要集中在第一大股东控制权对公司违规的影响上，仅有极少数学者研究了终极控制权与公司违规行为的关系。事实上，按照公司治理理论，终极控制人才是真正掌握上市公司决策的主体，公司第一大股东的行为是由终极控制人控制的。因此，只有从终极控制人的角度，才可以更准确、更全面地分析股权结构对公司违规的影响。

（2）对于终极控制权的测量，现有研究均完全基本采用拉波塔等（La Porta et al.，1999）提出的 WLP 方法，将控制权等同于投票权，这种方法虽然简单、直接，但缺乏理论依据，因此在应用中出现了一些严重的问题：①门槛值的使用不可避免地是任意的，并导致反直觉的结果，例如，我们很难接受，如果一家公司只有一个大股东持有 19% 的投票权，而其他 81% 的股份分散在众多小股东手中，按照 20% 的门槛值，这家公司属于广泛持有型公司；②将控制权等同于投票权是不恰当的，股东的控制权与其投票权并不是简单的线性正相关关系，股东的控制权应该是其投票权相对于他人的相对权力，而不是其投票权的绝对数量；③在金字塔型控制结构中，控制权的衡量似乎也是有问题的，在某些情况下，它无法产生与终极控制权是什么这一合理概念相一致的控制权衡量措施；④在研究大股东存在的壁垒效应和激励效应时，通常采用的代理变量分别是终极控制权比例（控制链各层级投票权的最小值）和终极现金流权比例（控制链各层级投票权的乘积），这两者之间高度相关，因此很难在数据中区分这两种效应（Guedes and Loureiro，2006）；⑤股东之间的权力斗争不是一个非合作博弈，而是一个合作博弈。随着公司内外部场景的变化，股东之间形成了不同的合作。面对 WLP 方法所存在的上述问题及面临的逻辑困境，夏普利和舒比克（Shapley and Shubik，1954）建立的夏普利权力指数方法提供了具有特殊理论洞察的解决途径。该方法不仅考虑了获胜所需的总体比例，而且还考虑了其他选民投票权的分配（Felsenthal and Machover，1998），这为企业控制权的衡量提供了自然的基础（Leech，1988，2002；Edwards and Weichenrieder，2009），目前已有极少数研究运用夏普利权力指数方法对股东控制权与公司行为及价值的关系进行了探索，但是这些研究运用夏普利权力指数方法仅考察了企业股权控制直接层面的大股东控制权的测度及其相关研究，而对于金字塔型控制结构下的企业终极控制权的测度问题及其相关研究相对缺乏，目前仅有爱德华和魏兴里德（Edwards and Weichenrieder，2009）运用夏普利权力指数方法分析了德国上市公司的终极控制权问题，尚未发现运用此方法考察中国上市公司终极控制权相关问题的实证研究。因此，本书将借鉴政治学政治博弈视角下的夏普利权力指数方法，重新测量中国上市公司的终极控制权，在此基础上，进行相关的研究。

（3）终极控制权对不同主体、不同类型、不同严重程度的公司违规行为的影响可能会存在差异，但现有文献极少将上市公司违规行为，按照一定的逻辑进行合理分类，以分别研究终极控制权的影响作用。

（4）现有文献忽略了治理环境对终极控制权与公司违规关系的影响，但终极控制权对公司违规的影响和作用一定是在特定的治理环境下展开的，因此在分析终极控制权对公司违规的影响时，就不得不考虑公司治理环境的调节作用。另外，现有文献关于公司治理机制的研究，往往只关注公司内部治理机制，而忽略公司外部治理机制。要解决因信息不对称导致的委托代理问题，不仅需要科学规范有效的内部治理机制，还需要外部治理机制发挥有效的监督治理作用。因此，本书在探讨治理环境对终极控制权与公司违规行为关系的影响时，将综合考虑这两种机制的调节效应。

鉴于此，本书将以政治学政治博弈视角下的夏普利权力指数方法（Shapley and Shubik，1954）为基础，重新测量中国上市公司的终极控制权，在此基础上，根据委托代理理论，从终极控制人的角度，分析终极控制权与公司违规行为的关系，以及公司内外部治理机制对两者关系的调节作用。

3

上市公司股权结构与违规
行为的现实状况

3.1　上市公司股权结构的基本状况

根据公司治理理论及相关研究经验，上市公司违规行为显然首先与其股权结构存在明确的因果关系（何杰和王果，2013）。因此，分析中国上市公司股权结构的基本状况就显得尤为重要。

自1992年中国证券市场正式建立以来，我国上市公司的股权结构得到不断的调整，但仍呈现出普遍集中的趋势。表3-1为中国上市公司股权结构的基本情况。从表3-1中可以看出，自1992~

表 3 - 1 上市公司股权结构的基本情况（1992～2018 年）

时间	第一大股东持股比例（%）				第二大股东持股比例（%）		第二至第十大股东持股比例之和（%）		第一大股东持股/第十大股东持股		前十大股东持股比例之和（%）		公司总数（家）
	均值	标准差	>20%的占比	>50%的占比	均值	标准差	均值	标准差	均值	标准差	均值	标准差	
1992	40.58	18.24	92.31	23.08	11.82	10.60	26.26	19.48	125.87	105.56	66.84	12.74	13
1993	39.99	20.14	80.41	31.08	7.17	7.93	18.10	14.21	249.21	415.47	58.09	18.48	148
1994	42.63	20.35	85.50	35.00	6.56	7.18	16.71	13.50	293.56	516.56	59.35	17.50	200
2000	44.80	17.77	92.62	42.16	8.21	8.38	17.00	13.80	384.88	593.63	61.80	12.84	1084
2001	44.15	17.59	92.17	40.79	8.32	8.36	16.91	13.67	466.20	1304.24	61.05	12.78	1162
2002	43.51	17.38	91.63	39.67	8.75	8.50	17.72	13.79	356.61	445.46	61.23	12.78	1230
2003	42.60	17.13	91.86	37.21	9.28	8.64	18.59	14.07	379.29	468.80	61.19	12.63	1290
2004	42.05	16.87	91.98	35.71	9.65	8.72	19.43	14.14	348.38	420.77	61.48	12.59	1347
2005	40.76	16.34	91.57	33.43	9.72	8.73	19.77	13.99	268.95	300.96	60.53	12.95	1340
2006	36.45	15.35	86.81	22.58	8.84	8.02	19.20	12.76	181.31	464.57	55.65	14.12	1342
2007	35.73	15.47	84.89	20.85	8.29	7.62	18.26	12.30	157.71	254.78	54.00	15.21	1357
2008	36.01	15.80	84.11	22.10	8.00	7.56	17.29	12.19	172.94	311.48	53.30	15.82	1353
2009	35.89	15.97	83.61	22.26	7.53	7.50	16.65	12.02	149.66	240.87	52.54	16.36	1361
2010	35.90	16.32	83.43	22.14	7.45	7.53	16.66	12.09	155.48	238.94	52.56	16.93	1382
2011	36.15	16.56	82.98	22.53	7.61	7.56	16.94	12.41	157.72	249.96	53.09	17.72	1416

续表

时间	第一大股东持股比例（%）				第二大股东持股比例（%）		第二至第十大股东持股比例之和（%）		第一大股东持股/第十大股东持股		前十大股东持股比例之和（%）		公司总数（家）
	均值	标准差	>20%的占比	>50%的占比	均值	标准差	均值	标准差	均值	标准差	均值	标准差	
2012	36.66	16.72	83.82	24.10	7.78	7.66	17.09	12.62	158.81	264.52	53.75	17.87	1440
2013	36.51	16.63	83.47	23.89	7.89	7.57	17.53	12.65	165.16	309.34	54.04	17.51	1440
2014	36.26	16.42	83.33	22.63	8.09	7.59	18.20	12.61	160.88	346.09	54.46	17.17	1476
2015	35.87	16.02	83.13	20.96	8.76	7.57	20.46	12.98	138.15	429.50	56.33	17.05	1565
2016	35.57	15.76	82.97	19.87	9.33	7.57	22.44	13.23	133.16	407.12	58.01	16.44	1656
2017	35.87	15.51	84.18	19.35	9.92	7.59	24.31	13.82	198.89	2960.27	60.18	16.24	1871
2018	35.95	15.43	84.59	19.36	10.13	7.61	24.59	13.71	119.57	177.05	60.54	16.18	1921
合计	38.72	16.94	86.78	27.77	8.55	7.95	18.99	13.40	229.95	998.46	57.71	15.84	30664

2018 年，第一大股东持股比例超过 50% 的公司占比逐年下降，但占比水平仍然很高，大约为 27.77%，第一大股东持股比例超过 20% 的公司占比大约为 86.78%，也就是说，大约有 27.77% 的公司，其第一大股东绝对控股（不受其他股东制约，"独裁者"），大约有 86.78% 的公司，其第一大股东相对控股。进一步，从前十大股东的持股分布来看，第一大股东持股比例的均值为 38.72%，第二大股东持股比例的均值为 8.55%，第二至第十大股东持股比例之和的均值为 18.99%，即第一大股东持股比例的均值是第二大股东的 4.53 倍，是第二至第十大股东持股比例之和的 2.04 倍，也就是说，第一大股东的持股比例远远高于其他股东的持股比例。

另外，按照夏普利权力指数（Shapley and Shubik，1954）的思想及胡天存和杨鸥（2004）的方法，本研究以前十大股东持股比例之和作为基数，重新调整前十大股东的投票权，发现第一大股东的投票权高达 67.08%，第二至第十大股东的累计投票权仅 32.91%；通过查阅公司章程，本研究发现股东大会在通过一般事项、重大事项时，要求分别需经参会股东所持股份的 1/2、2/3 以上同意。因此，如果以前十大股东作为参会对象，那么第一大股东直接拥有公司各项事项决策的决定权，并且从表 3 - 1 中可以看出，自 1992 ~ 2018 年，第一大股东持股比例与第十大股东持股比例之比的均值均高于 119.57，由此不难推测，即使公司第十一及其后的股东参与控制权的争夺，也难以对第一大股东的控制权大小产生实质性的影响。可见，中国上市公司普遍具有"一股独大"的集中所有权结构。

3.2　上市公司违规行为的基本状况

随着中国资本市场发展迅速，上市公司数量不断增加，多层次的资本市场已经建立，股票和债券市场的规模也在迅速扩大。频繁的制度变迁和有待完善的监管规则给不法公司留下了许多漏洞。尽管《证券法》《股票发行与交易管理暂行条例》《会计法》等一系列法律，已经制定或修订来应对这一问题，但上市公司违规行为从未中断，且违规的频率和严重程度也在不断增加。为此有必要对中国上市公司违规行为的基本状况进行分析。

3.2.1　公司违规行为的分布

3.2.1.1　公司违规的时间分布

表 3 - 2 和图 3 - 1 是对样本公司年度违规分布情况的统计。从表 3 - 2 中可以看出，1994～2018 年，中国上市公司数目①不断增加，表明中国资本市场不断繁荣发展。同一公司在同一年的所有违规行为记为一条，1994～2018年的 25 年间，违规公司观测值占上市公司观测值的 9.27%。从图 3 - 1 中可以看出，违规公司比例总体呈现上升的趋势，其中，1994～2001 年基本呈上升趋势，2001 年达到第一个峰值 12.05%，这与何杰和王果（2013）的研究一致，2001 年后，违规公司比例先下降后上升，然后在 2015 年达到第二个峰值 16.61%，这可能与当年股市剧烈波动有关（梁上坤等，2020）。

表 3 - 2　　　　　　　上市公司年度违规统计（1994～2018 年）

年份	违规公司数（家）	违规公司占比（%）	公司总数（家）
1994	3	1.50	200
1995	0	0.00	243

---

①　由于本书以中国沪深主板上市公司作为研究样本，因此统计的公司数量低于中国证券市场实际上市公司数量。

续表

年份	违规公司数（家）	违规公司占比（%）	公司总数（家）
1996	3	0.58	517
1997	6	0.82	731
1998	7	0.83	839
1999	20	2.13	940
2000	28	2.58	1084
2001	140	12.05	1162
2002	108	8.78	1230
2003	103	7.98	1290
2004	86	6.38	1347
2005	78	5.82	1340
2006	64	4.77	1342
2007	77	5.67	1357
2008	58	4.29	1353
2009	121	8.89	1361
2010	116	8.39	1382
2011	140	9.89	1416
2012	202	14.03	1440
2013	230	15.97	1440
2014	240	16.26	1476
2015	260	16.61	1565
2016	251	15.16	1656
2017	237	12.67	1871
2018	250	13.01	1921
合计	2828	9.27	30503

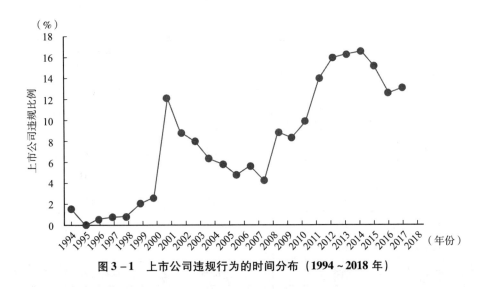

图 3 – 1　上市公司违规行为的时间分布（1994 ~ 2018 年）

3.2.1.2　公司违规的地域分布

由于中国的历史原因，其文化、经济和政治等方面呈现明显的地区差异性，那么中国上市公司的违规行为是否也具有明显的地域特征呢？为此，本书按照《中国统计年鉴》的标准，将中国地域划分为东部、中部和西部来分析中国上市公司违规行为的地域特征，如表 3 – 3 和图 3 – 2 所示。从表 3 – 3 中可以看出，在 1994 ~ 2018 年的 25 年间，东部地区上市公司的违规观测值占比为 8.33%，中部地区上市公司的违规观测值占比为 10.63%，西部地区上市公司的违规观测值占比为 11.09%，东部地区上市公司违规比例显著低于中部和西部。另外，从图 3 – 2 中可以看出，东部、中部和西部上市公司违规行为总体均呈上升趋势，整体变化与图 3 – 1 上市公司违规行为的时间分布基本一致，1994 ~ 2018 年，东部上市公司违规比例基本均低于中部和西部上市公司，这说明中国上市公司违规行为呈现明显的地域特征。

表 3 – 3　　上市公司违规行为地域分布的统计情况（1994～2018 年）

年份	东部			中部			西部		
	违规公司数（家）	违规公司占比（%）	公司总数（家）	违规公司数（家）	违规公司占比（%）	公司总数（家）	违规公司数（家）	违规公司占比（%）	公司总数（家）
1994	0	0.00	152	2	9.52	21	1	3.70	27
1995	0	0.00	188	0	0.00	22	0	0.00	33
1996	2	0.58	347	1	1.22	82	0	0.00	88
1997	5	1.08	464	1	0.78	129	0	0.00	138
1998	7	1.35	518	0	0.00	159	0	0.00	162
1999	14	2.46	568	2	1.05	190	4	2.20	182
2000	13	2.02	645	10	4.50	222	5	2.30	217
2001	83	12.05	689	31	13.14	236	26	10.97	237
2002	59	8.06	732	27	10.55	256	22	9.09	242
2003	54	7.04	767	25	9.19	272	24	9.56	251
2004	38	4.77	796	20	6.92	289	28	10.69	262
2005	31	3.91	793	20	6.94	288	27	10.42	259
2006	31	3.89	797	12	4.12	291	21	8.27	254
2007	45	5.51	816	18	6.27	287	14	5.51	254
2008	25	3.04	823	15	5.40	278	18	7.14	252
2009	65	7.80	833	24	8.73	275	32	12.65	253
2010	70	8.24	850	19	6.86	277	27	10.59	255
2011	85	9.64	882	27	9.68	279	28	10.98	255
2012	107	11.84	904	50	18.05	277	45	17.37	259
2013	128	14.16	904	53	19.20	276	49	18.85	260
2014	126	13.55	930	65	23.05	282	49	18.56	264
2015	145	14.44	1004	60	20.69	290	55	20.30	271
2016	151	13.82	1093	46	16.20	284	54	19.35	279
2017	147	11.44	1285	44	15.07	292	46	15.65	294
2018	161	12.11	1330	50	16.67	300	39	13.40	291
合计	1592	8.33	19110	622	10.63	5854	614	11.09	5539

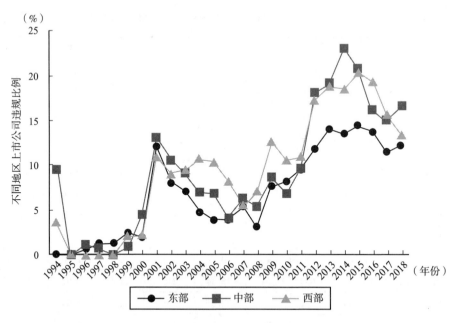

图 3 - 2　上市公司违规行为的地域分布 (1994 ~ 2018 年)

3.2.2　不同主体公司违规的分布

对于上市公司发生的违规行为，一部分是由管理层实施的，另一部分是由股东实施的，参考王敏和何杰 (2020)、何杰和王果 (2013) 的研究，本书将公司违规分为管理层违规和股东违规，然后考察不同主体公司违规的分布情况，如表 3 - 4 和图 3 - 3 所示。从表 3 - 4 中可以看出，在 1994 ~ 2018 年的 25 年间，管理层违规公司观测值占比 8.54%，股东违规公司观测值占比 1.50%，管理层违规比例远远超过股东违规比例，说明公司违规行为绝大部分是由管理层实施的。另外，从图 3 - 3 中可以看出，自 1994 ~ 2018 年，管理层违规一直高于股东违规，管理层违规变化趋势与公司违规变化趋势基本一致，从 1994 ~ 2001 年基本呈上升趋势，2001 年达到第一个峰值 12.05%，2001 年后开始下降至 2008 年 (4.07%) 后上升，然后在 2013 年达到第二个峰值14.86%，总体呈现上升的趋势，但变化比较大；而公司股东违规比例则呈明显的上升趋势。

表3－4 不同主体公司违规的统计情况（1994～2018年）

年份	管理层违规公司（家）	股东违规公司（家）	公司总数（家）	管理层违规公司占比（%）	股东违规公司占比（%）
1994	3	0	200	1.50	0.00
1995	0	0	243	0.00	0.00
1996	3	0	517	0.58	0.00
1997	6	0	731	0.82	0.00
1998	7	0	839	0.83	0.00
1999	20	0	940	2.13	0.00
2000	28	0	1084	2.58	0.00
2001	140	1	1162	12.05	0.09
2002	108	0	1230	8.78	0.00
2003	103	0	1290	7.98	0.00
2004	86	0	1347	6.38	0.00
2005	78	0	1340	5.82	0.00
2006	64	3	1342	4.77	0.22
2007	76	9	1357	5.60	0.66
2008	55	9	1353	4.07	0.67
2009	113	13	1361	8.30	0.96
2010	106	24	1382	7.67	1.74
2011	130	16	1416	9.18	1.13
2012	190	21	1440	13.19	1.46
2013	214	27	1440	14.86	1.88
2014	213	52	1476	14.43	3.52
2015	217	70	1565	13.87	4.47
2016	224	59	1656	13.53	3.56
2017	206	73	1871	11.01	3.90
2018	214	82	1921	11.14	4.27
合计	2604	459	30503	8.54	1.50

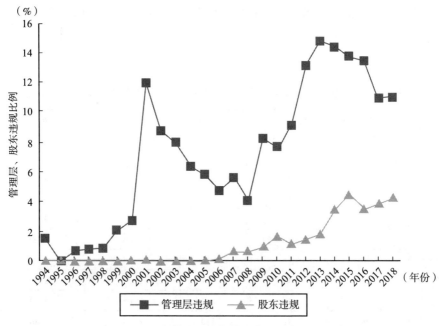

图 3-3 不同主体公司违规的分布（1994~2018 年）

3.2.3 不同类型公司违规的分布

表 3-5 和图 3-4 是不同类型公司违规的分布情况。参考陆瑶等（2012）和滕飞等（2016）的研究，本书将上市公司违规分为信息披露违规、经营违规和公司内部监控不规范三种类型，信息披露类违规行为包括虚构利润、虚列资产、虚假记载（误导性陈述）、推迟披露、重大遗漏、披露不实（其他）和欺诈上市等违规行为，经营类违规行为包括出资违规、擅自改变资金用途、占用公司资产、违规担保、内幕交易、违法违规买卖股票和操纵股价等违规行为，公司内部监控不规范类违规行为包括一般会计处理不当等其他违规行为。从表 3-5 中可以看出，在 1994~2018 年的 25 年间，信息披露违规、经营违规和公司内部监控不规范三大类型的比例分别是 6.82%、2.73% 和 2.32%，信息披露违规比例高于经营违规和公司内部监控不规范，而经营违

规与公司内部监控不规范相差不大，这说明中国上市公司违规行为大多数属于信息披露违规。另外，从图 3 - 4 中可以看出，自 1994 ~ 2018 年，信息披露违规、经营违规和公司内部监控不规范总体上均呈上升趋势，信息披露违规一直高于经营违规和公司内部监控不规范。信息披露违规从 1994 ~ 2001 年基本呈上升趋势，2001 年达到第一个峰值 9.90%，2001 年后开始下降至2008 年（3.55%）后上升，然后在 2015 年达到第二个峰值 11.63%，总体上变化比较大。经营违规和公司内部监控不规范的变化趋势与信息披露违规基本一致。

表 3 - 5   不同类型公司违规的统计情况（1994 ~ 2018 年）

年份	信息披露违规公司（家）	经营违规公司（家）	公司内部监控不规范公司（家）	公司总数（家）	信息披露违规占比（%）	经营违规占比（%）	公司内部监控不规范占比（%）
1994	0	0	3	200	0.00	0.00	1.50
1995	0	0	0	243	0.00	0.00	0.00
1996	1	0	2	517	0.19	0.00	0.39
1997	6	1	0	731	0.82	0.14	0.00
1998	7	1	0	839	0.83	0.12	0.00
1999	15	7	0	940	1.60	0.74	0.00
2000	22	10	2	1084	2.03	0.92	0.18
2001	115	42	31	1162	9.90	3.61	2.67
2002	94	9	20	1230	7.64	0.73	1.63
2003	92	33	3	1290	7.13	2.56	0.23
2004	83	28	8	1347	6.16	2.08	0.59
2005	77	29	1	1340	5.75	2.16	0.07
2006	60	28	3	1342	4.47	2.09	0.22
2007	60	24	7	1357	4.42	1.77	0.52
2008	48	23	8	1353	3.55	1.70	0.59

续表

年份	信息披露违规公司（家）	经营违规公司（家）	公司内部监控不规范公司（家）	公司总数（家）	信息披露违规占比（%）	经营违规占比（%）	公司内部监控不规范占比（%）
2009	72	54	36	1361	5.29	3.97	2.65
2010	75	42	33	1382	5.43	3.04	2.39
2011	85	43	58	1416	6.00	3.04	4.10
2012	141	46	81	1440	9.79	3.19	5.63
2013	158	54	85	1440	10.97	3.75	5.90
2014	159	60	74	1476	10.77	4.07	5.01
2015	182	91	63	1565	11.63	5.81	4.03
2016	183	52	71	1656	11.05	3.14	4.29
2017	160	87	58	1871	8.55	4.65	3.10
2018	185	70	62	1921	9.63	3.64	3.23
合计	2080	834	709	30503	6.82	2.73	2.32

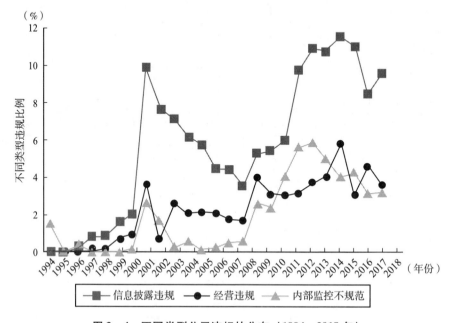

图 3-4　不同类型公司违规的分布（1994~2018 年）

3.2.4 不同程度公司违规的分布

不同的违规行为造成的影响不同，因此受到的处罚也会不同，一般来说，执法处罚行为的类型越高，表示违法行为越严重。参考梁上坤等（2020）、张旻等（Zhang et al.，2018）的研究，本书根据监管机构对公司违规行为的处罚程度将公司违规分为一般违规和严重违规。一般违规行为包括责令改正、监管关注、公开批评和公开谴责等；严重违规行为包括警告、罚款、没收非法所得、取消业务许可（责令关闭）、市场禁入及其他处罚方式。表3-6和图3-5是不同程度公司违规的分布统计情况。从表3-6中可以看出，在1994~2018年的25年间，一般违规公司观测值占比为7.89%，严重违规公司观测值占比为1.87%，也就说公司发生一般违规的比例高于发生严重违规的比例。另外，从图3-5中可以看出，一般违规的变化趋势与公司违规变化趋势基本一致，其中，从1994~2001年基本呈上升趋势，2001年达到第一个峰值11.79%，2001年后开始下降至2008年（2.96%）后上升，然后在2015年达到第二个峰值14.89%，总体呈上升趋势，但变化比较大。公司发生严重违规行为的比例基本呈上升趋势。

表3-6　　　　不同程度公司违规的统计情况（1994~2018年）

年份	一般违规公司（家）	严重违规公司（家）	公司总数（家）	一般违规公司占比（%）	严重违规公司占比（%）
1994	1	2	200	0.50	1.00
1995	0	0	243	0.00	0.00
1996	2	1	517	0.39	0.19
1997	6	0	731	0.82	0.00
1998	1	6	839	0.12	0.72

续表

年份	一般违规公司（家）	严重违规公司（家）	公司总数（家）	一般违规公司占比（%）	严重违规公司占比（%）
1999	8	12	940	0.85	1.28
2000	18	10	1084	1.66	0.92
2001	137	6	1162	11.79	0.52
2002	101	7	1230	8.21	0.57
2003	90	15	1290	6.98	1.16
2004	61	29	1347	4.53	2.15
2005	67	13	1340	5.00	0.97
2006	46	22	1342	3.43	1.64
2007	54	25	1357	3.98	1.84
2008	40	21	1353	2.96	1.55
2009	99	26	1361	7.27	1.91
2010	85	35	1382	6.15	2.53
2011	118	23	1416	8.33	1.62
2012	182	28	1440	12.64	1.94
2013	204	36	1440	14.17	2.50
2014	213	45	1476	14.43	3.05
2015	233	58	1565	14.89	3.71
2016	224	41	1656	13.53	2.48
2017	202	53	1871	10.80	2.83
2018	216	57	1921	11.24	2.97
合计	2408	571	30503	7.89	1.87

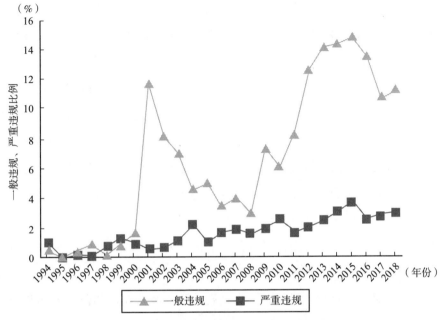

图 3-5 不同程度公司违规的分布（1994～2018 年）

3.3 本章小结

自 1992 年中国证券市场正式建立以来，中国资本市场蓬勃发展，上市公司数量不断增加，但是上市公司违规行为也日益增多。在相关理论与文献综述的基础上，本章分析了上市公司股权结构与违规行为的现实状况。

3.1 节分析了中国上市公司股权结构的基本状况。发现自 1992 年中国证券市场建立以来，中国上市公司普遍具有"一股独大"的集中所有权结构，具体表现为：第一大股东持股比例一直较高且与其他股东持股比例悬殊，如果以前十大股东作为股东大会参会对象，那么第一大股东拥有上市公司的控制权。

3.2 节分析了中国上市公司违规行为的基本状况，包括公司违规的统计

及分布、不同主体公司违规的统计及分布、不同类型公司违规的统计及分布
和不同程度公司违规的统计及分布。从公司违规的统计及分布方面可以看出，
1994～2018 年，中国资本市场不断繁荣发展，上市公司数目不断增加，但上
市公司违规行为也从未中断，且违规公司比例总体呈现上升的趋势。另外，
上市公司违规行为呈现明显的地域特征，东部地区上市公司违规比例显著低
于中部和西部，但东部、中部和西部上市公司违规行为总体上均呈上升趋势；
从不同主体公司违规的统计及分布方面可以看出，在 1994～2018 年，管理层
违规比例远远超过股东违规比例，这说明公司违规行为绝大部分是由管理层
实施的。另外，管理层违规和股东违规总体上均呈现上升的趋势；从不同类
型公司违规的统计及分布方面可以看出，在 1994～2018 年，信息披露违规比
例远高于经营违规和公司内部监控不规范，这说明中国上市公司违规行为大
多数属于信息披露违规。另外，信息披露违规、经营违规和公司内部监控不
规范总体上均呈上升趋势；从不同程度公司违规的统计及分布方面可以看出，
在 1994～2018 年，公司发生一般违规的比例高于发生严重违规的比例。另
外，无论是一般违规还是严重违规总体上均呈上升趋势。

4

理论分析与研究假设

4.1　基本理论模型的构建

按照公司治理理论及相关经验文献可知，公司违规行为显然首先与其股权结构存在明确的因果关系，同时受治理环境的影响（何杰和王果，2013）。与西方股权高度分散的情况不同，中国上市公司股权相对集中（胡天存和杨鸥，2004）。部分学者也已经注意到了中国这种特殊的股权结构对上市公司违规行为的影响。然而，这些研究主要集中在第一大股东控制权对公司违规的影响上，并且得出不同的结论。部分学者认为大股东集中持股，提高了其监督管理层的动机和能力，从而有助于降低公司违规行为发生的概率。例如梁杰等（2004）、陈国进和林辉等（2005）、刘白兰和邹建华（2008）、于晓强和刘善存（2012）均认为第一大股东股权集中度与公司违规行为显著负相关，即第一大股东股权集中有利于制约公司违规行为。进一步，王敏和何杰（2020）发现大股东控制权越大，公司违规倾向越低，其违规行为被稽查出的可能性越大。另一部分学者认为大股东集中持股反而提高了公司违规的可能性。例如蔡宁等（2003）的研究结果表明，第一大股东持股比例越高，上市公司财务舞弊的可能性越大。唐跃军（2007）发现第一大股东集中持股并不能抑制公司违规，而是降低了上市公司违规被监管部门查处的概率。

综上可知，第一大股东控制权对公司违规行为确实具有重要的影响，但根据公司治理理论，终极控制人才是真正掌握上市公司决策的主体，公司第一大股东的行为是由终极控制人控制的。因此，终极控制权与上市公司出现的违规行为也必然存在密不可分的关系。目前已有少数学者研究了终极控制权与公司违规行为的关系，同样他们对终极控制权的集中也有不同的看法，冯旭南和陈工孟（2011）认为终极控制权和现金流权的分离越大，上市公司越有可能发生信息披露违规。而徐筱凤等（2019）认为实际控制人拥有的控制权比例越高，为了最大化自己的利益，他们越有动机避免上市公司违规，以使公司长期价值最大化。

另外，对于这极少数的关于终极控制权与公司违规行为关系的研究，其对终极控制权的度量，均完全基本采用拉波塔等（La Porta et al.，1999）建立的经典方法——WLP方法，但这是一种没有理论支撑的衡量方法（Edwards and Weichenrieder，2009），因此应用时存在一些潜在的严重问题：①门槛值的使用不可避免地是任意的，并导致反直觉的结果，例如，我们很难接受，如果一家公司只有一个大股东持有19%的投票权，而其他81%的股份分散在众多小股东手中，按照20%的门槛值，这家公司属于广泛持有型公司。②将控制权等同于投票权是不恰当的，股东的控制权与其投票权并不是简单的线性正相关关系，股东的控制权应该是其投票权相对于他人的相对潜力，而不是其投票权的绝对数量。③在金字塔型控制结构中，控制权的衡量似乎也是有问题的，在某些情况下，它无法产生与终极控制权是什么这一合理概念相一致的控制权衡量措施。④壁垒效应和激励效应通常的代理变量分别是终极控制权比例（控制链各层级投票权的最小值）和终极现金流权比例（控制链各层级投票权的乘积），这两者之间高度相关，因此很难在数据中区分这两种效应（Guedes and Loureiro，2006）。⑤股东之间的权力斗争不是一个非合作博弈，而是一个合作博弈。随着公司内外部场景的变化，股东之间形成了不同的合作。夏普利权力指数为衡量企业所有者的控制权提供了一个自然的基础，其以合作博弈为理论基点，衡量了具有指定投票权的股东决定投票结果的能力，它不仅考虑了股东自己的投票权，而且还考虑了其他股东投票权的分配（Edwards and Weichenrieder，2009）。因此，本书运用夏普利权力指数方法，重新测量中国上市公司终极控制权，在此基础上，考察终极控制权对公司违规行为的影响。

进一步，终极控制权对公司违规的影响，可能会因为违规主体、违规类型、违规严重程度的不同而发生变化，为了加深对相关问题的理解，本书还考察了终极控制权对更具体的公司违规特征的影响。

终极控制权对公司违规的影响和作用一定是在特定的治理环境下展开的，因此在分析终极控制权对公司违规的影响时，就不得不考虑公司治理环境的调节作用。公司治理机制就其本质来说是一种制度安排，主要用来解决代理问题，约束管理者按照公司所有者利润最大化的目标来进行公司的经营管理（Denis and McConnell，2003）。公司治理机制又分为内部治理机制和外部治理机制，两者相辅相成且缺一不可，这体现了公司治理机制体系的完整性（简建辉和黄毅勤，2011）。内部治理机制以董事会为核心，主要包括监督和激励两个方面，而外部治理机制主要以外部治理主体为核心。根据现代机制设计理论的思想要求，单独一种治理机制达到的效果是不尽如人意的，只有通过各种治理机制的相互补充、相互配合才能达到最优的效果（张兆国等，2015）。基于此，本书将系统讨论各种治理机制在终极控制权影响公司违规行为中的调节作用。

通过上述分析，本书将采用基于合作博弈理论的夏普利权力指数重新定义终极控制权，并立足于中国上市公司运行的现实场景，确认股东控制权博弈参与人，进而测算出公司终极控制权，在此基础上，从终极控制人的角度出发，根据委托代理理论，考察终极控制权对公司违规行为的影响；进一步，本书将分析终极控制权对具体的公司违规行为（包括不同主体的违规、不同类型的违规和不同程度的违规）的影响；最后，系统讨论各种治理机制（包含内部治理机制和外部治理机制）在终极控制权影响公司违规行为中的调节作用。本书的基本分析框架及概念模型如图4-1所示。

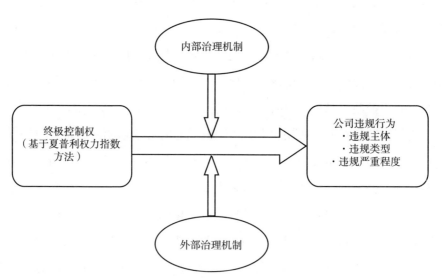

图4-1 终极控制权、治理机制与上市公司违规行为的分析框架

4.2　研究假设的提出

4.2.1　终极控制权与公司违规行为的关系

由于中国是一个新兴的资本市场，证券市场体系建设仍有不足，整体法律环境及金融市场监管较为薄弱，投资者法律保护有待完善，公司治理结构也不尽合理，在这样的治理环境下，控制权的集中不仅能够提高企业的决策效率，而且使大股东有更大的动机和能力监督公司的行为，缓解公司代理问题（甄红线等，2015）。已有学者研究发现，第一大股东股权集中有助于改善公司绩效，因为在股权分散的公司中，大股东监督的动机和能力较弱，管理层实施机会主义败德行为的成本较小（张恩众，2007）。梁杰等（2004）、陈国进和林辉等（2005）、刘白兰和邹建华（2008）均发现第一大股东股权集中有利于制约公司违规行为。于晓强和刘善存（2012）也发现第一大股东持股比例与公司信息披露违规概率显著负相关，即第一大股东持股比例越高，公司信息披露违规的可能性越小。进一步，王敏和何杰（2020）发现大股东控制权越大，公司违规倾向越低，其违规行为被稽查出的可能性越大。但根据公司治理理论，终极控制人才是上市公司真正的决策主体，终极控制人控制着第一大股东的行为，进而影响公司管理层和其他股东的行为。按照这个逻辑，本书推断，在目前中国资本市场的背景下，终极控制权越大，终极控制人就越有能力和动机约束公司管理层和其他股东的违规行为，从而减少企业的违规行为。徐筱凤等（2019）认为终极控制人拥有的控制权比例越高，为了最大化自己的利益，他们越有动机避免上市公司违规，以使公司长期价值最大化。另外，王敏等（Wang et al.，2022）也发现终极控制权对公司违规行为具有显著的抑制作用。基于此，本书提出如下假设：

假设H1：终极控制权越大，公司违规的可能性越小。

4.2.2 内部治理机制对终极控制权与公司违规行为关系的调节效应

基于前述理论分析，终极控制权对公司违规的影响和作用一定是在特定的治理环境下展开的，因此在分析终极控制权对公司违规的影响时，就不得不考虑治理环境的调节作用。终极控制权的集中对公司违规行为产生抑制作用，主要是因为在目前中国相对落后的治理环境下，公司管理层消极渎职或是偷懒，剽窃、滥用股东财富，投资于无效率项目构建自己的企业帝国，操纵信息蒙蔽、欺骗投资者等现象时有发生（甄红线等，2015），此时为了最大化自己的利益，终极控制人拥有的控制权越大，他们越有动机监督约束公司管理层和其他股东的行为，避免上市公司违规，以使公司长期价值最大化（徐筱凤等，2019）。施莱弗和维什尼（Shleifer and Vishny，1997）、田利辉和埃斯特林（Tian and Estrin，2008）认为当治理环境相对落后时，终极所有者的监督是对公司治理机制的有效补充，控制权越集中越有利于公司绩效的改善。甄红线等（2015）研究发现当外部制度环境较差时，终极控制权的集中可以弥补外部治理的不足，有效提升公司绩效，随着外部制度环境的完善，终极控制权的集中对公司绩效的提升效果会减弱。那么按照这个逻辑，随着公司内外部治理机制的改善，公司代理问题得到缓解，终极控制人监督上市公司的动机将会减弱，终极控制权的集中对公司违规的抑制作用也随之减弱。

公司治理机制包括内部治理机制和外部治理机制，其中内部治理机制主要包括监督机制与激励机制两大类。董事会作为公司内部治理机制的核心监督机制，其主要作用是监督管理层，减少其败德行为，降低代理成本，而董事会规模和独立性是影响董事会有效解决代理问题，发挥治理作用的关键因素。监事会也属于中国上市公司治理机制中的重要监督机制，其主要负责监督遏制董事和高层管理人员的不当行为，帮助控制风险，保护股东的利益，特别是小股东的利益。另外，建立完善的激励机制，也属于公司内部治理机制的重要内容。基于此，本书将系统地分析董事会规模、独立董事比例、监事会规模和管理层持股对终极控制权与公司违规行为关系的影响。

4.2.2.1 董事会规模的调节效应

董事会作为公司最高的决策机构，是公司内部治理机制的核心监督机制，董事会不仅要负责监督管理层的经营决策，还要控制公司的代理问题，而董事会规模是影响董事会有效解决代理问题的关键因素（姜付秀等，2009）。学者们普遍认为适当的董事会规模，可以吸引各方面人才，提高董事会决策质量，同时也有利于各方利益相互制衡，而过低或过高的董事会规模均不利于董事会有效性的发挥（袁春生和韩洪灵，2008；杨清香等，2009；张振新等，2011）。进一步，利普顿和洛希（Lipton and Lorsch，1992）及姜付秀等（2009）均认为董事会的最佳规模为 10 人，而根据描述性统计分析可知，中国上市公司董事会规模的均值为 9 人左右。因此，本书认为现阶段董事会的规模有利于完善公司治理结构，减少管理层的机会主义败德行为。基于此，本书提出如下假设：

假设 H2a：董事会规模越大，终极控制权对公司违规行为的抑制作用越小。

4.2.2.2 独立董事比例的调节效应

董事会的独立性对于提高董事会治理效率、缓解代理问题具有重要作用，而独立董事的比例在很大程度上反映了董事会的独立性（曾庆生和陈信元，2006）。首先，独立董事大多是来自某个领域的专家，拥有更专业的知识、经验和技能，因此能够为董事会出谋划策，提供咨询和建议，提高董事会的有效性（张振新等，2011）。其次，独立董事作为外部董事，只担任董事会成员的职务，因此比内部董事更客观、更独立，更能有效地监督经营者的机会主义败德行为。另外，独立董事为了维护自己的声誉，也会尽力履行监督职责。达亚等（Dahya et al.，2008）认为独立董事比例越高，关联交易的可能性越小，公司价值越高，特别是在对股东的法律保护较弱的国家。国内学者崔学刚（2004）认为增加独立董事在董事会中的比例，有助于提升公司透明度，从而可以约束经营者为获取不当利益而采取的机会主义行为。姜付秀等（2009）、王跃堂等（2006）均认为独立董事的增加，有助于降低代理成本。基于此，本书提出如下假设：

假设 H2b：独立董事比例越高，终极控制权对公司违规行为的抑制作用越小。

4.2.2.3　监事会规模的调节效应

中国上市公司具有独特的治理结构，既包括美国的单一董事会，也包括德国的双层董事会，因此中国上市公司同时设置了董事会和监事会作为公司内部治理的监督机构。根据《公司法》，监事会有两大职能：①监督董事和管理层的行为，降低代理人的道德风险，减少代理成本；②审查公司的财务事务。因此，一个正常运作的监事会应该能够遏制董事和高层管理人员的不当行为，帮助控制风险，保护股东的利益，特别是中小股东的利益。然而，由于中国资本市场的历史相对较短，监事会存在多方面的问题：通常大股东选派监事的选拔机制，使得监事会的独立性不强；监督信息不足及制约手段有限，使得监事会的监督水平一般；激励机制及约束机制的不健全，使得监事会积极履行职责的动力不足等（王彦明和赵大伟，2016）。另外，大多数上市公司尚未认识到监事会在公司治理中的重要作用，组建监事会也仅是为了满足法律的要求（Dahya et al.，2002）。这使得监事会形同虚设，难以发挥监督治理的作用。张振新等（2011）、扈文秀等（2013）及张兆国等（2015）通过实证研究也证明了这一点，监事会在解决代理问题方面，未能发挥治理作用。基于此，本书提出如下假设：

假设 H2c：监事会规模对终极控制权与公司违规行为之间的关系可能没有显著的调节效应。

4.2.2.4 管理层持股的调节效应

建立有效的薪酬激励机制，使得代理人的利益与委托人的利益形成一致，是解决管理层代理问题的重要治理机制之一。现有研究普遍认为，基于股权的薪酬能更好地调动管理层努力工作的积极性，协调管理层与股东利益的一致性，减少管理层的机会主义败德行为，降低委托人与代理人之间的代理成本。从本质上来说，管理层与股东的效用差异根源于剩余索取权与控制权的不匹配，当管理层没有剩余索取权时，他们就容易利用职权做出有损公司价值的行为，而当管理层拥有剩余索取权时，能更好地协调管理层利益与股东利益，有利于调动管理层努力工作的积极性（崔学刚，2004）。阿姆斯特朗等（Armstrong et al.，2010）、刘昌国（2006）和赵世芳等（2020）均通过实证研究发现管理层的股权激励确实有助于降低管理层的急功近利倾向，减少管理层的机会主义行为。基于此，本书提出如下假设：

假设 H2d：管理层持股越高，终极控制权对公司违规行为的抑制作用越小。

4.2.3 外部治理机制对终极控制权与公司违规行为关系的调节效应

公司治理环境的改善离不开外部治理机制的有效补充。外部治理机制主要以外部治理主体为核心对公司的不当行为进行监督和约束。那么根据前述分析，随着公司外部治理机制的改善，终极控制权的集中对公司违规的抑制作用也应该随之减弱。本书重点考察了分析师关注度、审计监督和产品市场竞争程度对终极控制权与公司违规行为关系的调节效应。

4.2.3.1 分析师关注度的调节效应

分析师监督作为公司外部治理的重要内容，有利于降低信息不对称，提高信息透明度，减少委托人和代理人之间的代理矛盾。首先，分析师比普通投资者拥有更专业的知识和经验，并且他们的追踪是长期的持续的，因此他们更容易提早识别出异常情况（Yu，2008），提供早期的预警，甚至有时候充当揭发者，揭露管理者的不当行为（Dyck et al.，2010）。其次，由于分析师报告面临的受众具有广泛性，使其不易受到单一利益集团的控制，从而使得分析师能够在公司治理方面起到外部监督者的作用（桂爱琴，2018）。最后，对于股东和董事会来说，分析师提供的信息减少了评估管理绩效的复杂性和不确定性（Wiersema and Zhang，2011）。基于以上原因，分析师对上市公司的关注可以从本质上促进外部治理，发挥治理效应。学者们也通过实证研究证明了分析师关注的治理作用，例如李春涛等（2014）发现在当前中国的资本市场，分析师作为外部监管机制，能够有效监督名企上市公司的行为。陈建东等（Chen et al.，2016）发现在投资者保护不力的新兴经济体中，分析师的报道有助于遏制公司违规行为。桂爱勤和龙俊雄（2018）发现分析师关注的增加，能够显著降低企业违规的可能性。综上所述，本书认为在当前的治理环境下，分析师作为有效的外部监督者，能够降低信息不对称，缓解公司代理问题。基于此，本书提出如下假设：

假设 H3a：分析师关注度越高，终极控制权对公司违规行为的抑制作用越小。

4.2.3.2 是否聘请高质量审计师的调节效应

审计师作为公司外部治理主体之一，其对公司的有效监督能够约束企业的不当行为。首先，注册会计师对企业财务会计信息进行审计，可以提升信息的可靠性，从而可以降低企业所有者和管理层的信息不对称问题。其次，对于存在问题的审计公司及审计人员将会受到严厉的处罚（Firth et al.，2005）。另外，高质量审计师为了自己的声誉，会尽职监督，提高审计监督质量（李万福等，2021）。因大型审计机构尤其重要，因此更有可能受到证监会和财政部的监督，而他们的客户群更大，一旦他们的执照被吊销，他们各方面的损失也更大。实证研究也证明了这一点，例如伦诺克斯和皮特曼（Lennox and Pittman，2010）发现聘请国际五大会计师事务所，有助于降低发生欺诈性财务报告的可能性。雷凌等（Lisic et al.，2015）也发现由大型审计公司审计的公司不太可能发生财务报表舞弊。国内学者权小锋等（2010）发现审计服务质量越好，越能够对权力型高管的薪酬操纵行为起到约束作用。魏志华等（2017）发现高质量的审计师可以约束管理层的机会主义败德行为。李万福等（2021）发现审计师获得"资深注册会计师"荣誉后，更能够进行高质量的审计服务，提升被审计企业的盈余质量，降低被审计企业财务违规或重述的可能性。综上所述，高质量审计师为了避免声誉受损及政府处罚，将利用自己的专业知识进行更为严格的审计监督，从而能够更有效地识别和约束管理层行为，降低公司代理问题。基于此，本书提出如下假设：

假设 H3b：终极控制权与公司违规行为的负相关关系在没有聘任高质量审计师的上市公司中更为显著。

4.2.3.3 产品市场竞争程度的调节效应

在市场经济下，产品市场的有效竞争不仅可以优化资源配置提高经济效率，而且还可以发挥外部监督治理的作用。首先，良好的产品市场竞争能够更准确有效地传递公司经营管理情况，提高信息透明度，从而能够缓解信息不对称程度。其次，经营管理不善的公司在市场竞争充分的环境下更容易被清算兼并，管理层将不得不承担公司经营失败和丢失工作的风险，为此管理层会努力提高工作效率，减少机会主义败德行为（姜付秀，2009）。白重恩等（2005）、张兆国等（2015）认为在一个激烈的竞争环境中，如果企业管理者存在不当的在职消费、挥霍、浪费资源、偷懒和无效率投资等代理问题，那么该企业最终会丧失竞争能力，而被市场淘汰，所以产品市场的竞争有助于约束管理层的行为，降低代理成本。蒋荣和陈丽蓉（2007）研究发现有效的产品竞争可以发挥外部监督治理的作用：首先，可以通过价格的比较推算企业的经营状况，降低信息的不对称程度，识别出经营不合格的经理。其次，有效的市场竞争更容易淘汰那些经营不善的公司，使得经理人面临极大的压力，不得不提高工作效率。姜付秀等（2009）认为产品市场竞争越激烈，有助于降低公司管理层的在职消费和不当开支等私有收益行为，减少了他们的偷懒行为和无效率投资。吉瑞和陈震（2020）也认为产品市场的有效竞争，提高了信息透明度，从而能够缓解信息不对称程度。基于此，本书提出如下假设：

假设 H3c：产品市场竞争越完善，终极控制权对公司违规行为的抑制作用越小。

4.2.4　本书的研究假设汇总

根据前文的研究假设，汇总如表 4 - 1 所示。

表 4 - 1　　　　　　　　　　　研究假设汇总

假设序号	研究假设
H1	终极控制权越大，公司违规的可能性越小
H2a	董事会规模越大，终极控制权对公司违规行为的抑制作用越小
H2b	独立董事比例越高，终极控制权对公司违规行为的抑制作用越小
H2c	监事会规模对终极控制权与公司违规行为之间的关系可能没有显著的调节效应
H2d	管理层持股越高，终极控制权对公司违规行为的抑制作用越小
H3a	分析师关注度越高，终极控制权对公司违规行为的抑制作用越小
H3b	终极控制权与公司违规行为的负相关关系在没有聘任高质量审计师的上市公司中更为显著
H3c	产品市场竞争越完善，终极控制权对公司违规行为的抑制作用越小

4.3　本章小结

本章在终极控制权、治理机制与公司违规行为相关研究文献的基础上，结合我国上市公司股权结构及违规行为的现实状况，基于委托代理理论，逻辑演绎推导出终极控制权、治理机制与公司违规行为的关系，并提出了相应的研究假设。

4.1 节基于委托代理理论，对终极控制权、治理机制与公司违规行为之间的关系进行了理论分析和逻辑推演，构建了以基于夏普利权力指数方法的终极控制权为自变量、公司违规为因变量、内外部治理机制为调节变量的理论框架，并提出本书的概念模型。

4.2 节提出了本书的研究假设，主要包括：4.2.1 节分析了终极控制权如何影响公司违规行为，并提出本书的假设 H1；4.2.2 节分析了公司内部治理机制如何影响终极控制权与公司违规之间的关系，重点分析了董事会规模、独立董事比例、监事会规模和管理层持股的调节作用，并提出本书的假设 H2a ~ 假设 H2d；4.2.3 节分析了公司外部治理机制如何影响终极控制权与公司违规之间的关系，重点分析了分析师关注度、是否聘请高质量审计师和产品市场竞争程度的调节作用，并提出本书的假设 H3a ~ 假设 H3c。

5

研究设计

5.1　样本选取与数据来源

　　关于公司违规数据，本研究利用 CSMAR 数据库收集并整理了 1994～2018 年共计 25 年的中国沪深主板上市公司的违规数据①。从数据库中可以直接获取上市公司的违规数据，包括违规类型及违规处分措施，通过进一步整理可以获得本研究所需的不同类型违规（信息披露违规、经营违规、公司治理及内部监控不规范）数据及不同

---

① 　由于在 CSMAR 数据库中最早可以追溯到 1994 年的公司违规情况，因此基于数据的可得性，本研究收集并整理了 1994～2018 年的公司违规数据。另外，相对于中小板和创业板，主板市场运行更加规范，监管更加严格，并且主板上市公司规模较大且发展成熟。为此参照以前的相关研究，本书选择主板上市公司作为研究对象。

程度违规（一般违规、严重违规）数据，但是对于违规事件主体与上市公司的关系，则需要进行手工收集，因为 CSMAR 数据库中的违规信息明细表中只包含了违规机构的详细信息，而对于违规事件中涉及的自然人主体，则需要将所有公司相关公告进行详细地阅读，找出自然人与上市公司的关系，最终整理出违规主体数据集，以探讨终极控制权对不同主体公司违规（管理层违规与股东违规）的影响。

关于终极控制权数据，需要收集"金字塔"控制链各层级的股东数据，其中"金字塔"控制链下层企业为中国沪、深证券市场主板上市公司，其股东数据主要来源于 CSMAR 数据库和 Wind 数据库；而上层企业则为下层企业的第一大股东，其股东数据，本书主要通过"全国企业信用信息公示系统"（https：//gsxt. saic. gov. cn）、"巨潮资讯网"（http：//www. cninfo. com. cn/cninfo-new/index）和"天眼查"（https：//www. tianyancha. com）手工收集每一家企业的信息获得，但由于全国企业信用信息公示系统及天眼查并没有披露 2013 年之前的公司股东数据，因此本研究只能整理形成 2013～2018 年的股东数据集。

关于内部治理数据（公司董事会人数、独立董事人数、监事会人数及公司管理层持股数量）和外部治理数据（分析师关注度、研报关注度、审计师是否来自四大会计师事务所及行业竞争度）主要来源于 CSMAR 数据库，本书按照研究要求收集整理并调整为可用数据。机构投资者持股比例来源于RESSET-金融研究数据库。法律监管环境来源于王小鲁等（2019）编写的《中国分省份市场化指数报告（2018）》中的地区法律环境指数，通过手工收集整理配对。

关于上市公司特征数据的收集，能够通过 CSMAR 数据库获得公司总资产数据、不考虑现金红利再投资的年个股回报率数据、托宾 Q 值、营业收入和资产负债率，在此基础上计算获得公司规模数据和营业收入增长率数据。对于产权性质的划分，可以从 CSMAR 数据库中的股东数据库获得实际控制人的名称及性质编码，为此需要仔细查询企业关系人性质分类标准及相关研究，划分出"国有"与"非国有"上市公司。对于诉讼风险数据，本书基于公司违规数据计算获得了公司曾经是否违规数据和行业违规公司占比数据，另外通过 RESSET-金融研究数据库获得了股票日收益波动率数据和换手率数据。

出于数据的平衡性和可获得性考虑，本书在回归分析中重点利用了 2013～2018 年中国沪深主板上市公司的数据来考察终极控制权与上市公司违规行为的关系以及治理机制对两者关系的调节作用。另外，为了消除极端值的影响，本书对公司规模、股票年收益率、托宾 Q 值、营业收入增长率、资产负债率、股票日收益波动率、换手率按照 1% 的标准进行了 Winsorize 缩尾处理。

本研究最终得到 2013～2018 年共 9929 个"公司－年度"观测值用于回归分析，其中 2013 年有 1440 个样本点观测值，2014 年有 1476 个样本点观测值，2015 年有 1565 个样本点观测值，2016 年有 1656 个样本点观测值，2017 年有 1871 个样本点观测值，2018 年有 1921 个样本点观测值。首先，在《上市公司行业分类指引（2012 年修订）》的基础上，根据行业属性的相似性，本书将上市公司划分为"农业""采矿业""制造业""电力、热力、燃气及水生产和供应业""建筑业""金融与房地产业"和"一般性服务业"。本研究发现，来自制造业的观测值最多，共 5406 个，占总观测数的 54.57%；位列第二的是一般性服务业，观测值共 2112 个，占总观测数的 21.32%；位列第三的是金融与房地产业，观测值共 1085 个，占总观测数的 10.95%；位列第四的是电力、热力、燃气及水生产和供应业，观测值 521 个，占总观测数的 5.26%；位列第五的是采矿业，观测值 377 个，占总观测数的 3.81%；位列第六的是建筑业，观测值 278 个，占总观测数的 2.81%；来自农业的观测值最少，共 128 个，占总观测数的 1.29%。另外，本书根据产权性质将公司分为国有公司和非国有公司，发现有 5417 个国有观测值，占比达 54.65%；4496 个非国有观测值，占比达 45.35%。表 5－1 是样本的分布情况统计。

表5－1   样本的分布情况统计

分组		样本数（个）	占比（％）
行业	农业	128	1.29
	采矿业	377	3.81
	制造业	5406	54.57
	电力、热力、燃气及水生产和供应业	521	5.26
	建筑业	278	2.81
	金融与房地产业	1085	10.95
	一般性服务业	2112	21.32
产权性质	国有	5417	54.65
	非国有	4496	45.35

5.2 变量的定义与测量

5.2.1 因变量：公司违规

本书研究的公司违规行为是指由上市公司或其股东或其管理层所实施的，违反了相关的法律法规，并且受到上海证券交易所、深圳证券交易所、中国证监会、财政部等监管机构处罚的行为。参考前人的研究（孟庆斌等，2018；王敏和何杰，2020），本研究设置公司是否违规虚拟变量：上市公司或其股东或其管理层当年被披露发生违规行为时取值为1，否则为0。

进一步，为了加深对相关问题的理解，本书按照违规的主体、类型、严重程度对公司违规进行了分类，具体如下所示。

首先，根据公司违规行为的实施主体，本书将公司违规分为管理层违规和股东违规。按照现有研究（何杰和王果，2013；王敏和何杰，2020；Wang et al.，2022）关于管理层违规和股东违规的普遍测量方法，本书将管理层违规定义为：上市公司或其管理层在当年被披露发生违规行为时取值为 1，否则为 0。股东违规定义为：上市公司股东当年被披露发生违规行为时取值为 1，否则为 0。股东违规显然既包括终极控制人控制的第一大股东违规，也包括其他股东的违规，但是从数量上来说，其他股东的数量远远超过第一大股东的数量，所以"股东违规"实际上更大程度测量的是其他股东的违规。

其次，参考陆瑶等（2012）和滕飞等（2016）的研究，本书将上市公司违规分为信息披露违规、经营违规和公司内部监控不规范三种类型。信息披露类违规行为包括虚构利润、虚列资产、虚假记载（误导性陈述）、推迟披露、重大遗漏、披露不实（其他）和欺诈上市等违规行为。经营类违规行为包括出资违规、擅自改变资金用途、占用公司资产、违规担保、内幕交易、违法违规买卖股票和操纵股价等违规行为。公司内部监控不规范类违规行为包括一般会计处理不当等其他违规行为。信息披露违规：上市公司当年被披露发生信息披露违规行为时取值为 1，否则为 0。经营违规：上市公司当年被披露发生经营违规行为时取值为 1，否则为 0。公司内部监控不规范：上市公司当年被披露存在内部监控不规范行为时取值为 1，否则为 0。

最后，不同的违规行为造成的影响不同，因此受到的处罚也会不同，一般来说，执法处罚行为的类型越高，表示违法行为越严重。参考梁上坤等（2020）、张旻等（Zhang et al.，2018）的研究，本书根据处罚程度将公司违规分为一般违规和严重违规。一般违规行为包括责令改正、监管关注、公开批评和公开谴责等。严重违规行为包括警告、罚款、没收非法所得、取消业务许可（责令关闭）、市场禁入及其他处罚方式。一般违规：上市公司当年被披露发生一般违规行为时取值为 1，否则为 0。严重违规：上市公司当年被披露发生严重违规行为时取值为 1，否则为 0。

5.2.2 自变量：终极控制权

之前大量的研究直接使用投票权来理解控制权，并使用 WLP 方法来衡量终极控制权（La Porta et al.，1999；Claessens et al.，2002；Lin et al.，2013；Liu et al.，2019）。但正如前文文献综述所述，这种测量方法没有理论基础，因此在应用中出现了许多问题。投票权指数提供了对拥有特定投票权比例的选民决定投票结果能力的衡量，不仅考虑了获胜所需的总体比例，而且还考虑了其他选民投票权的分配（Felsenthal and Machover，1998），这为控制权的衡量提供了自然的基础（Leech，1988，2002；Edwards and Weichenrieder，2009）。因此，本书使用夏普利和舒比克（Shapley and Shubik，1954）建立的夏普利权力指数（Shapley-Shubik Power Index，SPI）方法，重新测量中国上市公司的终极控制权。股东的夏普利权力指数（SPI）是指股东作为关键投票人（该股东加入某联盟，则该联盟获胜；反之则失败）的次数与参与公司控制权争夺的股东的各种可能的联盟组合总数之比，具体计算公式为：

$$SPI_i = \sum_{S \in S_i} \frac{(|S|-1)!(n-|S|)!}{n!} [V(S) - V(S-\{i\})] \qquad (5-1)$$

其中，SPI_i 为股东 i 的夏普利权力指数；N 是参与博弈的股东集合；n 为参与博弈的股东总数；S_i 是集合 N 中包含股东 i 的一切子集所组成的集合，$S \in S_i$；$V(S)$ 表示联盟 S 的结果，当联盟 S 获胜时，$V(S)=1$，否则，$V(S)=0$；$V(S-\{i\})$ 表示联盟 S 去掉股东 i 后的结果；$|S|$ 为联盟 S 中的参与人数。$SPI \in [0,1]$，取值越大表示股东决定投票结果的能力越大，若 $SPI=0$ 表示该股东对投票结果没有影响，$SPI=1$ 表示该股东拥有完全的控制权，不受其他股东的制衡，参与博弈的所有股东的 SPI 之和等于1。

将夏普利权力指数方法应用于中国资本市场的股东博弈，可举例如下：假设某公司由个股东 A、B、C、D 和 E 组成，他们的持股比例分别为 0.44、

0. 14、0. 14、0. 14 和 0. 14。通过投票方式，一股一票，简单多数获胜，以决定某议案通过与否。下面计算 A 股东的夏普利权力指数。

即 $N = (A，B，C，D，E)$，$n = 5$，S_A 是股东集合 N 中包含股东 A 的一切子集所成的集合，$S \in S_A$，q 表示联盟 S 取胜的条件，这里 $q \geqslant \dfrac{1}{2}$，当联盟 S 达到取胜条件时获胜，$V(S) = 1$，否则，$V(S) = 0$。

把相应的数值（见表 5-2）代入计算式（5-1），即可得出股东 A 的 SPI 值：

$$
\begin{aligned}
SPI_A &= \sum_{S \in S_A} \frac{(|S|-1)!(n-|S|)!}{n!} [V(S) - V(S - \{A\})] \\
&= \frac{(1-1)!(5-1)!}{5!} \times 0 + \frac{(2-1)!(5-2)!}{5!} \times 1 \times 4 \\
&\quad + \frac{(3-1)!(5-3)!}{5!} \times 1 \times 6 + \frac{(4-1)!(5-4)!}{5!} \times 1 \times 4 \\
&\quad + \frac{(5-1)!(5-5)!}{5!} \times 0 = 0.6
\end{aligned}
$$

表 5-2 与股东 A 有关的可能联盟

股东	$|S|$	$V(S)$	$S - \{A\}$	$V(S - \{A\})$	$V(S) - V(S - \{A\})$
{A}	1	0	{0}	0	0
{A B}	2	1	{B}	0	1
{A C}	2	1	{C}	0	1
{A D}	2	1	{D}	0	1
{A E}	2	1	{E}	0	1
{A B C}	3	1	{B C}	0	1
{A B D}	3	1	{B D}	0	1
{A B E}	3	1	{B E}	0	1
{A C D}	3	1	{C D}	0	1

股东	$|S|$	$V(S)$	$S-\{A\}$	$V(S-\{A\})$	$V(S)-V(S-\{A\})$
{A C E}	3	1	{C E}	0	1
{A D E}	3	1	{D E}	0	1
{A B C D}	4	1	{B C D}	0	1
{A B C E}	4	1	{B C E}	0	1
{A B D E}	4	1	{B D E}	0	1
{A C D E}	4	1	{C D E}	0	1
{A B C D E}	5	1	{B C D E}	1	0

　　与 WLP 相比，利用夏普利权力指数方法来计算股东控制权具有四大优势：①夏普利权力指数方法衡量了具有特定投票权的股东决定投票结果的能力。它不仅考虑股东自己的投票权，而且还考虑其他股东投票权的分配。②即使没有金字塔型结构，夏普利权力指数方法也可以将控制权与现金流权区分开。例如，一个大股东拥有 70% 的股份，根据 WLP 方法，该大股东拥有 70% 的控制权，但实际上，除非某些决定需要超过 70% 的投票权，否则股东可以完全控制公司，而夏普利权力指数方法可以揭示这种差异，假设获胜准则是 1/2 的话，则该大股东的夏普利权力指数等于 1，说明该大股东对公司拥有完全的控制权。③壁垒效应和激励效应通常的代理变量分别是终极控制权比例（控制链各层级投票权的最小值）和终极现金流权比例（控制链各层级投票权的乘积），两者之间高度相关，因此很难在数据中区分这两种效应，使用夏普利权力指数方法测量控制权改进了这两种效应的经验分离和识别（Guedes and Loureiro，2006）。④夏普利权力指数方法基于合作博弈理论，描绘公司股东之间可能存在的合谋行为，与现实中的情形更为贴近。在公司股东之间的权力博弈及利益纷争的现实场景中，在不同的时间及市场状况下，股东之间利益取向的一致性将随着场景的变化而形成不同的组合，因而，股

东为寻求自己利益的最大化，相互之间展开的权力博弈，绝不是单个股东之间的简单争斗即非合作博弈，而一定表现为灵活多变的动态结盟方式即合作博弈的形式。

参考相关研究（王敏和何杰，2020；何杰和王敏，2020；He and Wang，2024；Wang et al.，2022；Edwards and Weichenrieder，2009），并结合中国资本市场的现实情况，本研究具体以前十大股东为公司控制权竞争的博弈参与人，以表决权的 1/2 为获胜准则，并运用由丹尼斯（Dennis Leech）和罗伯特（Robert Leech）开发的计算程序 ssdirect（http：//homepages. warwick. ac. uk/~ecaae/ssdirect. html）来测量上市公司第一大股东的真实控制权（夏普利权力指数）。进一步，将终极控制权定义为金字塔型结构中每一层级第一大股东控制权（夏普利权力指数）的乘积。

5.2.3 调节变量：公司治理机制

5.2.3.1 内部治理机制

公司内部治理机制主要包括监督和激励两个方面。其中，董事会是公司内部治理的核心监督机制，现有研究普遍认为董事会规模和独立性是影响董事会有效解决代理问题的关键因素（姜付秀等，2009）。监事会也属于中国上市公司治理机制中的重要内部监督机制，与董事会规模类似，监事会规模反映了监事会的监督能力，是影响监事会发挥有效性的关键因素（张振新等，2011）。另外，建立有效的管理层激励机制，调动管理层努力工作的积极性，也是公司内部治理的重要组成部分。

1. 董事会规模和独立性

董事会作为公司最高的决策机构，是公司内部治理机制的核心监督机制，而其规模和独立性对于提升董事会监督和治理效率具有至关重要的作用。现有相关文献通常是将董事会规模和独立性作为自变量或控制变量，研究其与公司违规行为的关系，因此本书在研究终极控制权与公司违规行为的关系时，也控制了董事会规模和独立性变量。但是董事会规模和独立性不仅会对公司违规产生直接影响，而且还有可能影响终极控制权与公司违规之间的关系，因此本书在这一部分，将进一步考察董事会规模和独立性对终极控制权与公司违规行为之间关系的影响。参考现有研究的普遍做法（张振新等，2011；姜付秀等，2009；王跃堂等，2006），本书以董事会规模和独立董事比例来衡量董事会的治理效率。

2. 监事会规模

与董事会规模类似，监事会规模是影响监事会发挥有效性的关键因素。现阶段监事会规模的扩大，有利于吸收不同的专业人才，为监事会出谋划策，提高监事会决策质量和监督能力。参考张振新等（2011）、扈文秀等（2013）和张兆国等（2015）的研究，本书以监事会规模衡量监事会的治理效率。

3. 管理层的股权激励

现有研究普遍认为管理层持股能更好地协调管理层与股东的利益一致性，减少管理层的机会主义败德行为，降低委托人与代理人之间的代理成本。从本质上来说，管理层与股东的效用差异根源于剩余索取权与控制权的不匹配，当管理层没有剩余索取权时，他们就会容易利用职权做出有损公司价值的行为，而当管理层拥有剩余索取权时，能更好地协调管理层利益与股东利益，有利于调动管理层努力工作的积极性。因此，参考刘昌国（2006）、赵世芳等（2020）的研究，本书以管理层持股来衡量管理层的激励水平。

5.2.3.2　外部治理机制

外部治理机制作为公司治理的重要组成部分，其以外部治理主体为核心，解决公司的代理问题。本书重点考察分析师关注、审计监督和产品市场竞争程度的调节效应。

1. 分析师关注度

本书以分析师关注度作为分析师监督水平的替代变量。首先，关注上市公司的分析师越多，企业的不当行为越容易被揭发，这主要是因为，相比普通投资者，分析师拥有更专业的知识和经验，并且其对企业的关注是长期持续的，因此分析师更容易提早识别出异常情况，揭发企业的不当行为。其次，关注上市公司的分析师越多，企业更加难以操纵分析师的报道。最后，关注上市公司的分析师越多，提供的公司信息越多，提高了信息透明度。因此，分析师关注度高的公司，其代理问题会得到缓解。参考李春涛等（2014）的研究，本书以一年内对该公司进行追踪分析的分析师（团队，一个团队数量为1）数量来衡量分析师关注度。另外，本书也以研报数量作为衡量指标进行稳健性检验。

2. 是否聘请高质量审计师

现有研究普遍认为高质量审计师为了避免声誉受损及政府处罚，将利用自己的专业知识进行更为严格的审计监督，从而能够更有效地识别和约束管理层行为，缓解公司代理问题（Lennox and Pittman，2010；Lisic et al.，2015；魏志华等，2017；李万福等，2021）。参考郑建明等（2015）、魏志华等（2017）的研究，本书以是否来自四大会计师事务所来判断上市公司是否聘请了高质量的审计师，如果审计师来自四大会计师事务所，则等于1，否则等于 0。

3. 产品市场竞争程度

产品市场的有效竞争有利于传递公司经营管理情况，提高信息透明度，从而缓解公司代理问题（姜付秀，2009；Balakrishnan et al.，2011；Markarian et al.，2014）。学者们主要采用两种方法来测量市场竞争程度，一种是采用行业平均主营业务利润率进行测量（孙进军、顾乃康和刘白兰，2012）；另一种是采用赫芬达尔指数（HHI）来衡量产品市场竞争程度。本书参考滕飞等（2016）的研究，用赫芬达尔指数来衡量产品市场竞争程度，具体公式为：

$$HHI = \sum (X_i/X)^2 \tag{5-2}$$

其中，X_i 表示公司 i 的营业收入，(X_i/X) 表示该公司 i 所占的行业市场份额。$HHI \in (0，1)$，HHI 的数值越小，代表行业竞争越激烈。

5.2.4 控制变量

根据卡纳等（Khanna et al.，2015）、陆瑶和胡江燕（2016）、孟庆斌等（2018）的相关研究，本研究控制了监控（monitoring）层面、诉讼风险（litigation risk）层面和公司特征（corporate characteristics）层面等三个方面的影响因素。

5.2.4.1 监控层面

监控层面包括董事会规模、独立董事比例、机构投资者持股比例（Xiong et al.，2020）和法律监管环境。实证研究表明这些因素能够影响公司违规行为的发生，例如蔡志岳和吴世农（2007）的研究结果表明，较大的董事会规模反而会导致工作效率低下，增加企业实施违规的可能性。崔学刚（2004）的研究结果表明，独立董事比例越高，公司透明度越高，可以减少经营者隐瞒信息获得不当利益的可能性。陆瑶等（2012）的研究结果表明，较高的机构投资者持股比例会显著降低公司违规倾向并提高公司违规被稽查的概率。滕飞等（2016）的研究结果表明，法律监管环境指数越高，监管质量越好，市场对公司违规的约束越强。

5.2.4.2　诉讼风险层面

诉讼风险层面包括公司曾经是否发生违规、行业违规公司占比、股票日收益波动率、换手率，这些变量的变化会引起监管部门和投资者的关注，从而改变公司受到诉讼的可能性。陆瑶等（2012）、陆瑶和胡江燕（2016）、孟庆斌等（2018）均认为公司曾经是否违规、行业违规公司占比、股票日收益波动率、换手率与公司违规行为存在显著的关系。

5.2.4.3　公司特征层面

公司特征层面包括产权性质、公司规模、股票年收益率、托宾 Q 值、营业收入增长率、资产负债率。滕飞等（2016）认为公司的违规倾向与产权性质和公司规模存在相关性，一般国有企业、规模大的公司，其违规倾向更低；另外，资产负债率高的公司，即破产风险较高的公司，其违规倾向更高。陆瑶和胡江燕（2016）、孟庆斌等（2018）认为股票表现好的公司，其业绩压力更小，公司管理层违规动机将减弱，另外公司托宾 Q 值和营业收入增长率也与公司违规存在显著的相关性。

最后，本书还控制了年份和行业的固定效应。所有控制变量均参考现有研究中最常用的定义和测量方法进行测量，具体见表 5 - 3。

表 5 – 3　　　　　　　　　　　　所有变量的定义及测度

变量类型	变量名		定义与测度
因变量	按违规主体分类	公司是否违规	上市公司或其股东或其管理层当年被披露发生违规行为时取值为1，否则为0
		管理层违规	上市公司或其管理层在当年被披露发生违规行为时取值为1，否则为0
		股东违规	上市公司股东当年被披露发生违规行为时取值为1，否则为0。股东违规显然既包括终极控制人控制的第一大股东违规，也包括其他股东的违规，但是从数量上来说，其他股东的数量远远超过第一大股东的数量，所以"股东违规"实际上更大程度测量的是其他股东的违规
	按违规类型分类	信息披露违规	上市公司当年被披露发生信息披露违规行为时取值为1，否则为0
		经营违规	上市公司当年被披露发生经营违规行为时取值为1，否则为0
		公司内部监控不规范	上市公司当年被披露存在内部监控不规范行为时取值为1，否则为0
	按违规程度分类	一般违规	上市公司当年被披露发生一般违规行为时取值为1，否则为0
		严重违规	上市公司当年被披露发生严重违规行为时取值为1，否则为0
自变量	终极控制权		金字塔型控制结构中每一层级第一大股东控制权（夏普利权力指数）的乘积
调节变量	内部治理机制	董事会规模	董事会人数
		独立董事比例	独立董事人数/董事会人数
		监事会规模	监事会人数
		管理层持股	管理层持股数量/总股数
	外部治理机制	分析师关注度	在一年内，对该公司进行追踪分析的分析师（团队，一个团队数量为1）数量
		研报关注度	在一年内，对该公司进行过跟踪分析的研报数量

续表

变量类型		变量名	定义与测度
调节变量	外部治理机制	是否聘请高质量审计师	如果审计师来自四大会计师事务所,则等于1,否则等于0
		产品市场竞争程度	赫芬达尔指数(HHI),即行业内每家公司营业收入与行业市场份额比值的平方和,具体公式为 $HHI = \sum (X_i/X)^2$,其中,X_i 表示公司 i 的营业收入,(X_i/X) 表示该公司 i 所占的行业市场份额。$HHI \in (0, 1)$,HHI 的数值越小,代表行业竞争越激烈
控制变量	公司特征层面	产权性质	国有企业取值为1,否则为0
		公司规模	总资产的自然对数
		股票年收益率	不考虑现金红利再投资的年个股回报率
		托宾Q值	市值/总资产
		营业收入增长率	(本期营业收入 – 上期营业收入)/上期营业收入
		资产负债率	总负债/总资产
	监控层面	董事会规模	董事会人数
		独立董事比例	独立董事人数/董事会人数
		机构投资者持股	机构投资者持股数量合计/总股数
		法律监管环境	地区法律环境指数,来源于《中国分省份市场化指数报告(2018)》
	诉讼风险层面	公司曾经是否违规	公司在考察当年之前是否曾经违规,如果公司之前曾违规过取值为1,否则为0
		行业违规公司占比	同行业中当年违规公司数占当年上市公司总数的比例
		股票日收益波动率	公司股票当年日收益数据的标准差(加权移动平均)
		换手率	公司股票当年的流通股换手率

5.3　计量模型的设定

本书构建以下模型,对研究假设进行实证检验:

$$Fraud_{i,t} = \alpha_0 + \alpha_1 SPI_{i,t} + \alpha\, Controls_{i,t} + \sum Year + \sum Industry + \varepsilon_{i,t}$$

$$(5-3)$$

模型（1）如式（5-3）所示，为本研究的主效应模型，用来检验假设 H1，即终极控制权对公司违规行为的影响。*Fraud* 为被解释变量，代表公司违规行为，是一个虚拟变量，因此参考邹洋等（2019）的研究，本书应用 Logit 回归进行估计。*SPI* 为解释变量，代表采用夏普利权力指数方法计算的终极控制权。*Controls* 代表控制变量，包含公司监控类变量：董事会规模、独立董事比例、机构投资者持股比例和法律监管环境；诉讼风险类变量：公司曾经是否违规、行业违规公司占比、股票日收益波动率和股票换手率；公司特征类变量：所有权性质、公司规模、股票年收益率、托宾 Q 值、营业收入增长率和资产负债率。另外，本书还控制了行业和年度虚拟变量。如果终极控制权的系数 α_1 显著为负，则说明终极控制权越大，公司违规的可能性越小，假设 H1 得到支持。

$$Fraud_{i,t} = \beta_0 + \beta_1 SPI_{i,t} + \beta_2 SPI_{i,t} \times Sboard + \beta Controls_{i,t}$$
$$+ \sum Year + \sum Industry + \varepsilon_{i,t} \qquad (5-4)$$

模型（2）如式（5-4）所示，用来检验假设 H2a，即董事会规模的调节效应。由于在主效应检验时，本书已经控制了董事会规模，因此本书在模型（1）[式（5-3）] 的基础上直接加入终极控制权与董事会规模的交互项，来探讨董事会规模在其中发挥的作用。*Sboard* 代表董事会规模，如果交互项的系数 β_2 显著为正，则说明董事会规模越大，终极控制权对公司违规行为的抑制作用将减弱，假设 H2a 得到支持。

$$Fraud_{i,t} = \gamma_0 + \gamma_1 SPI_{i,t} + \gamma_2 SPI_{i,t} \times Independent_{i,t} + \gamma Controls_{i,t}$$
$$+ \sum Year + \sum Industry + \varepsilon_{i,t} \qquad (5-5)$$

模型（3）如式（5-5）所示，用来检验假设 H2b，即独立董事比例的调节效应。由于在主效应检验时，本书已经控制了独立董事的比例，因此本书在模型（1）［式（5-3）］的基础上直接加入终极控制权与独立董事比例的交互项，来探讨独立董事比例在其中发挥的作用。*Independent* 代表独立董事比例，如果交互项的系数 γ_2 显著为正，则说明独立董事的比例越高，终极控制权对公司违规行为的抑制作用将减弱，假设 H2b 得到支持。

$$Fraud_{i,t} = \delta_0 + \delta_1 SPI_{i,t} + \delta_2 Supervisor_{i,t} + \delta_3 SPI_{i,t} \times Supervisor_{i,t}$$
$$+ \delta Controls_{i,t} + \sum Year + \sum Industry + \varepsilon_{i,t} \qquad (5-6)$$

模型（4）如式（5-6）所示，用来检验假设 H2c，即监事会规模的调节效应。本书在模型（1）［式（5-3）］的基础上加入监事会规模和终极控制权与监事会规模的交互项，来探讨监事会规模在其中发挥的作用。*Supervisor* 代表监事会规模，如果交互项的系数 δ_3 不显著，则说明监事会规模对终极控制权与公司违规行为关系可能没有显著的调节效应，假设 H2c 得到支持。

$$Fraud_{i,t} = \theta_0 + \theta_1 SPI_{i,t} + \theta_2 SManagement_{i,t} + \theta_3 SPI_{i,t} \times SManagement_{i,t}$$
$$+ \theta Controls_{i,t} + \sum Year + \sum Industry + \varepsilon_{i,t} \qquad (5-7)$$

模型（5）如式（5-7）所示，用来检验假设 H2d，即管理层持股的调节效应。本书在模型（1）［式（5-3）］的基础上加入管理层持股和终极控制权与管理层持股的交互项，来探讨管理层持股在其中发挥的作用。*SManagement* 代表管理层持股，如果交互项的系数 θ_3 显著为正，则说明管理层持股越高，终极控制权对公司违规行为的抑制作用将减弱，假设 H2d 得到支持。

$$Fraud_{i,t} = \vartheta_0 + \vartheta_1 SPI_{i,t} + \vartheta_2 Analyst_{i,t} + \vartheta_3 SPI_{i,t} \times Analyst_{i,t}$$
$$+ \vartheta Controls_{i,t} + \sum Year + \sum Industry + \varepsilon_{i,t} \qquad (5-8)$$

模型（6）如式（5-8）所示，用来检验假设 H3a，即分析师关注度的调节效应。本书在模型（1）［式（5-3）］的基础上加入分析师关注度和终极控制权与分析师关注度的交互项，来探讨分析师关注度在其中发挥的作用。*Analyst* 代表分析师关注度，如果交互项的系数 ϑ_3 显著为正，则说明分析师关注度越高，终极控制权对公司违规行为的抑制作用将减弱，假设 H3a 得到支持。

$$Fraud_{i,t} = \sigma_0 + \sigma_1 SPI_{i,t} + \sigma Controls_{i,t} + \sum Year + \sum Industry + \varepsilon_{i,t}$$

$$(5-9)$$

$$Fraud_{i,t} = \mu_0 + \mu_1 SPI_{i,t} + \mu Controls_{i,t} + \sum Year + \sum Industry + \varepsilon_{i,t}$$

$$(5-10)$$

模型（7）和模型（8）如式（5-9）和式（5-10）所示，它们是根据是否聘请高质量审计师进行的分组回归，用来检验假设 H3b，即是否聘请高质量审计师的调节效应。如果回归系数 σ_1 和 μ_1 存在统计意义上的差别，则说明是否聘请高质量审计师对终极控制权与公司违规之间的关系具有调节效应，假设 H3b 得到支持。

$$Fraud_{i,t} = \varphi_0 + \varphi_1 SPI_{i,t} + \varphi_2 HHI_{i,t} + \varphi_3 SPI_{i,t} \times HHI_{i,t} + \varphi Controls_{i,t} + \varepsilon_{i,t}$$

$$(5-11)$$

模型（9）如式（5-11）所示，用来检验假设 H3c，即产品市场竞争程度的调节效应。HHI 为赫芬达尔指数，其数值越小，表示产品市场竞争程度越激烈，因此，如果终极控制权与赫芬达尔指数的交互项的系数 φ_3 显著为负，则说明产品市场竞争程度越高，终极控制权对公司违规行为的抑制作用将减弱，假设 H3c 得到支持。

5.4　本　章　小　结

研究设计的合理性和严谨性将会影响假设实证检验结果的可靠性。本章对实证研究进行了详细的设计。

5.1 节详细介绍了样本的选取和数据的来源。首先，由于主板市场运行更加规范，监管更加严格，并且主板上市公司规模较大且发展成熟。为此参照以前的相关研究，本书选择了主板上市公司作为研究对象。其次，由于数据的可得性，本研究收集并整理了 1994～2018 年共计 25 年全部上市公司违规数据，完整展示了中国上市公司违规行为整体变化趋势。另外，由于数据的可得性，本研究手工收集并整理了 2013～2018 年的"金字塔"各层级股东数据集。最后，数据主要来源于 CSMAR 数据库、Wind 数据库、RESSET –金融研究数据库，并以"全国企业信用信息公示系统""巨潮资讯网""天眼查"和公司年报及各种公告相补充、印证。

5.2 节详细介绍了变量的定义与测量。首先基于现有研究，阐明了因变量公司违规行为的定义与测度方法；然后重新构建了自变量中国上市公司终极控制权的定义及测量方法；最后说明了调节变量公司内外治理机制的测量方法及控制变量的选取依据与测量方法。

5.3 节介绍了计量模型的具体设定。根据理论分析和研究假设，构建了 9 个回归模型。首先是本书的主效应模型，用于检验终极控制权对公司违规行为的影响；然后是在主效应的基础上探讨公司内外部治理机制的调节效应。

6

实证结果与分析

6.1　变量描述性统计分析

6.1.1　上市公司终极控制权统计分析

首先，根据前文的分析，本研究以前十大
股东为公司控制权竞争的博弈参与人，以 1/2
为投票获胜准则，基于 2013～2018 年的数据，
采用夏普利权力指数方法，测算出第一大股东
真实的控制权。进而，依据同样的方法，计算
出金字塔型控制结构上层公司的第一大股东真
实的控制权。最后，依据前文所定义的公司终

极控制权的测度方法，计算出上市公司的终极控制权（见表6-1）。从表6-1可以看出，以2018年为例，中国上市公司终极控制权介于［0，0.2）间的公司比例为2.23%，介于［0.2，0.3）间的为5.16%，介于［0.3，0.4）间的为10.74%，介于［0.4，0.5）间的为6.70%，介于［0.5，0.6）间的为5.85%，介于［0.6，0.7）间的为4.57%，介于［0.7，0.8）间的为2.29%，介于［0.8，0.9）间的为2.23%，介于［0.9，1.0）区间的为0%，而等于1.0的公司数占公司总数的60.21%，这说明高达60%的中国上市公司由终极所有者完全控制，不受其他股东制衡，完全可以决定投票结果（"独裁者"），其余年度数据的分析结果与此完全一致。

6.1.2 总样本变量描述性统计分析

为了了解变量的整体分布状态和数据质量，本书对主要的研究变量进行了描述性统计分析，结果如表6-2所示。公司是否违规的均值为0.148，这表明，在一年里平均100家公司中就有将近15家公司存在违规行为，公司违规行为是非常严重的；管理层违规的均值为0.130，股东违规的均值为0.037，管理层违规明显高于股东违规，说明中国上市公司大部分违规是由管理层导致的；信息披露违规的均值为0.103，经营违规和公司内部监控不规范的均值均为0.042，信息披露违规明显高于经营违规和公司内部监控不规范，说明中国上市公司信息披露违规最为普遍；一般违规的均值为0.130，严重违规的均值为0.029，一般违规明显高于严重违规，说明中国上市公司违规大多数属于一般违规。

表6-1　上市公司控制权的分布情况（2013～2018年）

控制权	年度	数值分布（%）										公司总数（家）
		[0, .2)	[.2, .3)	[.3, .4)	[.4, .5)	[.5, .6)	[.6, .7)	[.7, .8)	[.8, .9)	[.9, 1)	1	
第一大股东控制权	2013	0.28	1.94	7.29	3.54	3.68	3.61	1.18	1.53	0.00	76.94	1440
	2014	0.47	1.69	8.06	3.66	4.47	2.24	1.76	2.17	0.00	75.47	1476
	2015	0.45	2.17	8.95	4.86	4.73	2.88	1.85	2.17	0.00	71.95	1565
	2016	0.79	2.54	9.66	6.28	5.01	4.11	1.33	1.93	0.00	68.36	1656
	2017	0.59	3.69	9.99	6.47	4.97	3.85	2.41	2.35	0.00	65.69	1871
	2018	0.62	3.54	9.89	6.61	5.05	4.95	2.24	2.29	0.00	64.81	1921
上层企业第一大股东控制权	2013	0.43	1.43	4.09	0.57	1.65	0.36	0.07	0.07	0.00	91.33	1395
	2014	0.35	1.34	3.94	0.63	1.55	0.49	0.07	0.21	0.00	91.42	1422
	2015	0.33	1.39	3.97	0.86	1.39	0.46	0.13	0.20	0.00	91.26	1511
	2016	0.25	1.38	3.88	0.75	1.06	0.44	0.13	0.25	0.00	91.88	1600
	2017	0.22	1.49	3.58	0.88	1.10	0.44	0.33	0.28	0.00	91.69	1816
	2018	0.21	1.33	3.51	1.01	1.28	0.16	0.37	0.16	0.00	91.97	1880
终极控制权	2013	1.86	3.30	9.68	3.51	4.80	3.44	1.15	1.36	0.00	70.90	1395
	2014	1.62	3.31	10.13	3.80	5.27	2.46	1.48	2.04	0.00	69.90	1422
	2015	2.18	3.64	10.32	4.96	5.49	3.11	1.65	2.18	0.00	66.45	1511
	2016	2.38	4.13	11.13	6.44	5.38	4.13	1.31	1.88	0.00	63.25	1600
	2017	2.37	5.01	10.96	6.77	5.51	4.02	2.48	2.37	0.00	60.52	1816
	2018	2.23	5.16	10.74	6.70	5.85	4.57	2.29	2.23	0.00	60.21	1880

表 6 – 2　　　　　　总样本变量描述性统计分析（2013～2018 年）

变量名称	均值	标准差	最小值	最大值	中位数	观测数
公司是否违规	0.148	0.355	0.000	1.000	0.000	9929
管理层违规	0.130	0.336	0.000	1.000	0.000	9929
股东违规	0.037	0.188	0.000	1.000	0.000	9929
信息披露违规	0.103	0.305	0.000	1.000	0.000	9929
经营违规	0.042	0.200	0.000	1.000	0.000	9929
公司内部监控不规范	0.042	0.200	0.000	1.000	0.000	9929
一般违规	0.130	0.336	0.000	1.000	0.000	9929
严重违规	0.029	0.168	0.000	1.000	0.000	9929
终极控制权	0.804	0.285	0.034	1.000	1.000	9624
董事会规模	8.939	1.992	3.000	19.000	9.000	9912
独立董事比例	0.374	0.056	0.100	0.800	0.357	9912
监事会规模	3.894	1.381	1.000	15.000	3.000	9913
管理层持股	0.053	0.142	0.000	0.994	0.000	9395
分析师关注度	9.680	9.879	1.000	75.000	6.000	6160
是否聘请高质量审计师	0.101	0.302	0.000	1.000	0.000	9011
产品市场竞争程度	0.129	0.154	0.019	1.000	0.077	9762
机构投资者持股	0.382	0.267	0.000	0.992	0.372	9854
法律监管环境	9.628	4.599	0.450	16.940	10.580	9912
产权性质	0.546	0.498	0.000	1.000	1.000	9913
公司规模	22.654	1.615	19.244	28.253	22.462	9913
股票年收益率	0.083	0.487	-0.589	2.026	-0.045	9394
托宾 Q 值	2.006	2.283	0.104	15.256	1.297	9549
营业收入增长率	0.204	0.762	-0.692	5.889	0.076	9485
资产负债率	0.500	0.220	0.071	0.975	0.498	9913
公司曾经是否违规	0.534	0.499	0.000	1.000	1.000	9929
行业违规公司占比	0.139	0.044	0.000	0.356	0.132	9913
股票日收益波动率	0.029	0.011	0.011	0.063	0.027	9813
换手率	3.924	4.155	0.009	21.308	2.739	9859

注：部分变量的观测总数不同是因为该变量存在缺失值导致。

终极控制权的均值为 0.804，中位数为 1，最小值为 0.034，最大值为 1，说明终极控制性股东对上市公司拥有较高的控制权，至少有一半的中国上市公司由终极控制性股东完全控制，不受其他股东制衡。

调节变量中，董事会规模的均值为 8.939，最小的董事会仅包括 3 人，最大的董事会有 19 人，说明不同上市公司的董事会规模差别较大，整体上还没有达到姜付秀等（2009）认为的最佳董事规模 10 人；平均而言，上市公司独立董事在董事会中的占比为 0.374，标准差为 0.056，这与中国证监会关于"独立董事比例"的强制性规定[①]相差不大，说明上市公司关于独立董事的设置可能仅仅是为了达到规定要求；监事会平均人数在 4 人左右，最多的有 15 人，最少的只有 1 人，说明中国上市公司监事会规模差别较大，且整体规模水平较低；管理层持股比例的均值为 0.053，中位数为 0，表明至少有一半的中国上市公司其管理层没有持股，并且管理层整体持股水平仍然较低；分析师关注度均值为 9.680，标准差为 9.879，说明每一家上市公司大约平均被 10 名分析师关注，但是不同上市公司被分析师关注的程度差别很大，最少的仅被 1 名分析师关注，最多的被 75 名分析师关注；是否聘请高质量审计师的均值为 0.101，中位数为 0，表明超过一半的中国上市公司并没有聘请高质量审计师；产品市场竞争程度用赫芬达尔指数来衡量，取值在 0~1 之间，取值越小，说明竞争程度越大，表 6-2 中显示其均值较低仅为 0.129，标准差为 0.154，表明上市公司面临的竞争程度较大，但是从中位数（0.077）及均值来看，仍然存在部分具有一定垄断程度的行业。

控制变量的描述性分析与之前相关研究基本一致，其均值、标准差、最小值、最大值及中位数都在合理的区间范围内。

6.1.3 分组样本变量描述性统计分析

为了考察有无违规公司各特征是否存在差异，本书进行了分组样本变量

---

① 中国证监会《关于在上市公司建立独立董事制度的指导意见》（2001 年）中的强制性规定（第 1 条第 3 款）：在 2003 年 6 月 30 日前，上市公司董事会成员中应当至少包括 1/3 独立董事。

描述性统计，并用 T 检验对差异进行了显著性分析，结果如表 6 - 3 所示。违规样本组的终极控制权均值为 0.766，低于非违规样本组的均值 0.811，独立 T 检验结果显示两组样本的终极控制权均值存在显著差异（p = 0.000）。

表 6 - 3　　　　分组样本变量描述性统计（2013 ~ 2018 年）

变量名称	违规样本 (N = 1468)		非违规样本 (N = 8461)		T 检验	
	均值	标准差	均值	标准差	T 统计量	p 值
终极控制权	0.766	0.298	0.811	0.282	5.303	0.000
董事会规模	8.780	1.927	8.966	2.002	3.295	0.001
独立董事比例	0.374	0.056	0.374	0.056	0.141	0.888
监事会规模	3.851	1.371	3.901	1.383	1.279	0.201
管理层持股	0.036	0.106	0.056	0.147	6.320	0.000
分析师关注度	8.294	8.929	9.884	9.995	4.595	0.000
是否聘请高质量审计师	0.052	0.221	0.110	0.313	8.357	0.000
产品市场竞争程度	0.130	0.155	0.129	0.154	- 0.309	0.757
机构投资者持股	0.334	0.245	0.390	0.270	7.984	0.000
法律监管环境	8.934	4.588	9.748	4.591	6.270	0.000
产权性质	0.469	0.499	0.560	0.496	6.415	0.000
公司规模	22.343	1.563	22.709	1.618	8.032	0.000
股票年收益率	0.094	0.508	0.082	0.483	- 0.851	0.395
托宾 Q 值	2.364	2.772	1.946	2.183	- 5.351	0.000
营业收入增长率	0.196	0.883	0.205	0.738	0.367	0.714
资产负债率	0.544	0.231	0.492	0.217	- 8.067	0.000
公司曾经是否违规	0.682	0.466	0.508	0.500	- 13.047	0.000
行业违规公司占比	0.150	0.046	0.137	0.044	- 11.004	0.000
股票日收益波动率	0.030	0.011	0.029	0.011	- 3.275	0.001
换手率	4.304	4.163	3.858	4.150	- 3.783	0.000

调节变量中，关于内部治理机制，违规样本组的董事会规模均值为8.780，低于非违规样本组的董事会规模均值为8.966，且两者之间存在显著差别（p = 0.001），表明非违规样本组的董事会规模更大，这似乎符合董事会的治理效应；独立董事比例均值在违规样本组与非违规样本组之间几乎不存在差别，这表明独立董事比例可能并不会影响公司是否违规；违规样本组的监事会规模均值为3.851，非违规样本组的监事会规模均值为3.901，非违规样本组的监事会规模似乎更高一点，但是T检验表明两者之间不存在显著差别，这表明中国上市公司的监事会可能并没有发挥监督作用；违规样本组的管理层持股均值为0.036，非违规样本组的管理层持股均值为0.056，经检验两者之间存在显著差别（p = 0.000），表明非违规样本组的管理层持股更高，这似乎符合管理层持股的激励效应。关于外部治理机制，违规样本组的分析师关注度均值为8.294，低于非违规样本组的均值9.884，经检验两者之间的差别是显著的（p = 0.000），这似乎符合分析师的外部治理效应；违规样本组的是否聘请高质量审计师的均值为0.052，非违规样本组的是否聘请高质量审计师的均值为0.110，且二者之间差别是显著的（p = 0.000），这表明没有聘请高质量审计师的公司比聘请高质量审计师的公司违规概率更高，说明高质量审计师发挥了外部治理效应；产品市场竞争程度在违规样本组与非违规样本组不存在显著差异。

控制变量中，违规样本组的机构投资者持股均值为0.334，非违规样本组的机构投资者持股均值为0.390，经检验两者之间存在显著差别（p = 0.000），表明非违规样本组的机构投资者持股更高，这似乎符合机构投资者持股的治理效应；违规样本组的法律监管环境均值为8.934，非违规样本组的法律监管环境均值为9.748，经检验两者之间的差别是显著的（p = 0.000），表明法律监管环境似乎可以约束公司违规；关于产权性质，违规样本组的均值为0.469，非违规样本组的均值为0.560，经检验两者之间存在显著差别（p = 0.000），说明在违规样本组中非国有企业占比更高，而在非违规样本组中国有企业占比更高，即国有企业违规行为更少；违规样本组的公司曾经是否违规均值为0.682，高于非违规样本组的均值0.508，经检验两者之间的差别是显著的（p＝0.000），表明曾经违规过的公司更容易再次发生违规行为；违规样本组的行业违规公司占比均值为0.150，非违规样本组的行业违规公司占比均值为0.137，两者之间的差别是显著的（p＝0.000），说明处于违规公司占比高的行业似乎更容易发生违规行为；股票年收益率和营业收入增长率在违规样本组与非违规样本组虽然存在一定差异，但是这些差异在统计上并不显著（p＝0.395；p＝0.714）；此外，违规样本组还表现出更小的规模，更大的托宾Q值，更高的资产负债率、股票日收益波动率和换手率，且在统计意义上显著（p值均小于0.01）。

6.2 变量相关性分析

表6-4是主要变量之间的相关性分析。其中，终极控制权与公司违规行为之间呈现出显著负相关（r＝-0.056，p<0.01），这初步说明终极控制权可能会抑制公司违规行为，较为符合假设H1的预期；进一步，本书发现终极控制权与管理层违规、股东违规、信息披露违规、经营违规、公司内部监控不规范、一般违规、严重违规均显著负相关（r＝-0.043，p<0.01；r＝-0.056，p<0.01；r＝-0.048，p<0.01；r＝-0.043，p<0.01；r＝-0.024，p<0.05；r＝-0.051，p<0.01；r＝-0.041，p<0.01），这初步说明终极控制权对不同主体、不同类型、不同程度的违规行为可能均起到抑制作用。

表6-4　　主要变量的相关性分析（2013~2018年）

变量	1	2	3	4	5	6	7	8	9	10	11	12	13	14
1. 公司是否违规	1													
2. 管理层违规	0.927**	1												
3. 股东违规	0.468**	0.217**	1											
4. 信息披露违规	0.815**	0.771**	0.411**	1										
5. 经营违规	0.501**	0.368**	0.491**	0.283**	1									
6. 公司内部监控不规范	0.500**	0.511**	0.137**	0.208**	0.057**	1								
7. 一般违规	0.929**	0.865**	0.437**	0.800**	0.460**	0.450**	1							
8. 严重违规	0.416**	0.383**	0.288**	0.302**	0.275**	0.236**	0.136**	1						
9. 终极控制权	-0.056**	-0.043**	-0.056**	-0.048**	-0.043**	-0.024**	-0.051**	-0.041**	1					
10. 董事会规模	-0.033**	-0.025*	-0.038**	-0.046**	-0.023*	0.008	-0.031**	-0.028**	-0.071**	1				
11. 独立董事比例	-0.001	-0.003	0.01	0.001	0.006	-0.007	-0.002	0.007	0.026*	-0.397**	1			
12. 监事会规模	-0.013	-0.006	-0.033**	-0.039**	-0.011	0.034**	-0.019	0.003	0.011	0.451**	-0.089**	1		
13. 管理层持股	-0.052**	-0.050**	-0.031**	-0.053**	-0.016	-0.024**	-0.053**	-0.012	-0.118**	-0.141**	0.037**	-0.201**	1	
14. 分析师关注度	-0.054**	-0.044**	-0.053**	-0.086**	-0.016	0.013	-0.057**	-0.012	-0.058**	0.154**	0.045**	0.088**	0.036**	1
15. 是否聘请高质量审计师	-0.069**	-0.059**	-0.054**	-0.076**	-0.035**	-0.015	-0.066**	-0.026*	-0.015	0.201**	0.047**	0.190**	-0.085**	0.273**
16. 产品市场竞争程度	0.003	0.003	-0.015	-0.020*	-0.014	0.037**	0.005	0.005	0.006	0.097**	-0.008	0.092**	-0.065**	0.087**
17. 机构投资者持股	-0.075**	-0.067**	-0.037**	-0.075**	-0.038**	-0.036**	-0.068**	-0.052**	-0.033**	0.116**	-0.002	0.109**	-0.221**	0.193**
18. 法律监管环境	-0.063**	-0.056**	-0.036**	-0.066**	-0.007	-0.058**	-0.066**	-0.017	-0.044**	-0.011	-0.004	-0.094**	0.160**	0.079**
19. 产权性质	-0.065**	-0.056**	-0.061**	-0.067**	-0.051**	-0.014	-0.055**	-0.050**	0.268**	0.181**	-0.02	0.280**	-0.388**	-0.046**
20. 公司规模	-0.080**	-0.060**	-0.090**	-0.104**	-0.042**	0.006	-0.074**	-0.050**	0.024**	0.372**	0.037**	0.378**	-0.226**	0.381**
21. 股票年收益率	0.009	0.001	-0.007	-0.006	0.019	0.002	0.015	-0.007	0.02	0.008	-0.014	0.001	-0.106**	0.02
22. 托宾Q值	0.065**	0.044**	0.085**	0.078**	0.037**	-0.01	0.055**	0.063**	-0.076**	-0.191**	0.042**	-0.189**	0.145**	-0.013
23. 营业收入增长率	-0.004	-0.002	-0.019	0.001	-0.018	-0.013	0.001	-0.008	-0.066**	-0.051**	0.013	-0.043**	0.034**	-0.006
24. 资产负债率	0.084**	0.095**	0.026*	0.086**	0.028*	0.063**	0.082**	0.051**	0.022*	0.194**	0.014	0.212**	-0.245**	0.036**
25. 公司曾经是否违规	0.124**	0.114**	0.081**	0.125**	0.053**	0.056**	0.112**	0.079**	-0.039**	-0.093**	0.014	-0.047**	-0.232**	-0.091**
26. 行业违规公司占比	0.110**	0.106**	0.024*	0.080**	0.043**	0.076**	0.102**	0.058**	-0.007	0.054**	0.021*	0.083**	-0.106**	0.036**
27. 股票日收益波动率	0.033**	0.018	0.039**	0.035**	0.033**	0.002	0.037**	0.013	-0.023*	-0.119**	0.009	-0.119**	0.165**	-0.179**
28. 换手率	0.038**	0.028*	0.022*	0.035**	0.022*	0.021*	0.043**	0.007	0.02	-0.072**	-0.017	-0.074**	0.085**	-0.225**

续表

变量	15	16	17	18	19	20	21	22	23	24	25	26	27	28
1. 公司是否违规														
2. 管理层违规														
3. 股东违规														
4. 信息披露违规														
5. 经营违规														
6. 公司内部监控不规范														
7. 一般违规														
8. 严重违规														
9. 终极控制权														
10. 产品市场竞争程度														
11. 董事会规模														
12. 独立董事比例														
13. 监事会规模														
14. 管理层持股														
15. 分析师关注度	1													
16. 是否聘请高质量审计师	0.107**	1												
17. 机构投资者持股	0.204**	0.054**	1											
18. 法律监管环境	0.122**	-0.028*	0.104**	1										
19. 产权性质	0.091**	0.071**	0.098**	-0.146**	1									
20. 公司规模	0.462**	0.122**	0.324**	0.088**	0.255**	1								
21. 股票年收益率	0.013	0.026*	-0.299**	-0.030*	0.015	-0.049**	1							
22. 托宾Q值	-0.138**	-0.014	-0.109**	-0.006	-0.241**	-0.555**	0.243**	1						
23. 营业收入增长率	-0.023*	0.016	0.067**	0.022*	-0.086**	0.008	0.041**	0.054**	1					
24. 资产负债率	0.150**	0.040**	0.018	-0.059**	0.177**	0.452**	0.048**	-0.306**	0.014	1				
25. 公司曾经是否违规	-0.139**	-0.001	0.001	-0.152**	-0.031**	-0.107**	-0.006	0.078**	0.066**	0.112**	1			
26. 行业违规公司占比	0.047**	0.117**	-0.257**	-0.083**	-0.009	0.051**	0.216**	-0.004	-0.027**	0.154**	0.021*	1		
27. 股票日收益波动率	-0.124**	-0.003	-0.233**	0.028**	-0.110**	-0.250**	0.407**	0.324**	0.051**	-0.071**	-0.026**	0.097**	1	
28. 换手率	-0.140**	0.022*	-0.315**	-0.031**	-0.068**	-0.231**	0.414**	0.264**	-0.002	-0.077**	-0.039**	0.194**	0.656**	1

注：**代表在 0.01 水平上显著相关，*代表在 0.05 水平上显著相关。

调节变量中，关于内部治理机制，董事会规模与公司违规行为之间显著负相关（r = -0.033，p < 0.01），这初步显示董事会规模越大，公司违规的可能性越小，一定程度上支持了董事会的内部监督效应，至于董事会规模能否影响终极控制权与公司违规行为的关系，需要进一步检验；独立董事比例和监事会规模与公司违规行为的相关系数分别是 -0.001 和 -0.013，但是并不显著，这初步说明独立董事比例和监事会规模可能并不会直接影响公司违规的可能性，至于它能否作为一种重要的内部治理机制，影响终极控制权与公司违规行为之间的关系，还无法得出结论；管理层持股与公司违规行为之间显著负相关（r = -0.052，p < 0.01），这初步显示管理层持股比例越高，公司违规的可能性越小，在一定程度上支持了管理层持股的激励治理效应。关于外部治理机制，分析师关注度与公司违规行为之间显著负相关（r = -0.054，p < 0.01），这初步说明分析师关注度越高，公司违规的可能性就越小，这也在一定程度上支持了分析师的外部治理效应，但是对于分析师关注度能否影响终极控制权与公司违规行为的关系，还需要进一步调节效应的检验；是否聘请高质量审计师与公司违规行为之间显著负相关（r = -0.069，p < 0.01），这初步显示聘请了高质量审计师的公司，其违规可能性更小，一定程度上支持了审计师的外部治理效应，但是除了这种直接效应，聘请高质量审计师是否还会影响终极控制权与公司违规行为之间的关系，还需要根据是否聘请高质量审计师进行分组，然后检验主效应的差别；产品市场竞争程度与公司违规行为的相关系数为 0.003，但是并不显著，至于它能否影响终极控制权与公司违规行为之间的关系，还需进一步的调节效应检验。

控制变量中，只有股票年收益率和营业收入增长率与公司违规行为之间不存在显著的相关关系，其余的控制变量均与公司违规行为显著相关。此外，所有自变量、控制变量间的相关系数基本小于 0.4，因此可以判定本书的回归模型不存在严重的多重共线性问题。

6.3　终极控制权与公司违规的结果分析

表6-5是主效应检验的回归结果，即终极控制权对公司违规行为的影响。由于因变量公司违规行为是一个虚拟变量，因此本书参考邹洋等（2019）的研究，应用Logit回归进行估计。此外，本书控制了行业和年份固定效应，并使用稳健标准误来控制异方差问题。研究结果显示，终极控制权与公司违规的回归系数显著为负（-0.443，p=0.000），这说明终极控制权越大，公司违规的可能性越小，验证了本书的假设H1。正如前述理论分析所述，在目前中国资本市场相对落后的治理环境下，公司管理层消极渎职或是偷懒，剽窃、滥用股东财富，投资于无效率项目，操纵信息蒙蔽、欺骗中小投资者等现象时有发生（甄红线等，2015），此时终极控制权的集中不仅能够提高企业的决策效率，而且使终极控制人有更大的动机和能力监督约束公司的违规行为，这与徐筱凤等（2019）的研究相一致。

表6-5　　　　终极控制权对公司违规行为的影响（2013~2018年）

变量名称	公司违规行为		
	回归系数	Z统计量	p值
终极控制权	-0.443	-4.040	0.000
董事会规模	-0.020	-0.990	0.324
独立董事比例	-0.546	-0.850	0.395
机构投资者持股	-0.598	-3.590	0.000
法律监管环境	-0.020	-2.850	0.004
公司曾经是否违规	0.447	6.600	0.000
行业违规公司占比	6.931	8.200	0.000
股票日收益波动率	17.676	2.940	0.003

续表

变量名称	公司违规行为		
	回归系数	Z 统计量	p 值
换手率	0.008	0.620	0.532
产权性质	−0.273	−3.950	0.000
公司规模	−0.113	−3.510	0.000
股票年收益率	−0.259	−2.760	0.006
托宾 Q 值	0.024	1.520	0.129
营业收入增长率	−0.046	−0.960	0.336
资产负债率	1.236	7.480	0.000
截距项	−0.989	−1.220	0.222
年度固定效应	控制		
行业固定效应	控制		
Log likelihood	−3491.642		
Wald chi^2	391.050		
Prob > chi^2	0.000		
Pseudo R^2	0.057		
观测数	8700		

在控制变量方面，机构投资者持股与公司违规的回归系数显著为负（−0.598，p = 0.000），这说明机构投资者持股能够显著约束上市公司违规行为，这与陆瑶等（2012）的研究结论一致；法律监管环境与公司违规的回归系数显著为负（−0.020，p = 0.004），这说明法律监管环境越好，约束力越强，公司违规的可能性越小；公司曾经是否违规、行业违规公司占比与股票日收益波动率与公司违规的回归系数均显著为正（0.447，p = 0.000；6.931，p = 0.000；17.676，p = 0.003），这说明曾经有过违规行为、处于违规行为占比高的行业中、股价波动剧烈的公司，其违规的可能性更大，这与孟庆斌等（2018）、梁上坤等（2020）的研究结论一致；产权性质、公司规

模和股票年收益率与公司违规的回归系数均显著为负 （ - 0. 273，p = 0. 000；
- 0. 113，p = 0. 000； - 0. 259，p = 0. 006），这说明国有企业、规模越大的公
司和股票表现越好的公司，其违规的可能性更小，这与陆瑶等（2012）、滕
飞等（2016）、孟庆斌等（2018）和梁上坤等（2020）的研究一致；资产负
债率与公司违规的回归系数显著为正（1. 236，p = 0. 000），这说明杠杆率
（破产风险率）越高的公司，其违规的可能性越大，这与滕飞等（2016）的
研究一致；此外，董事会规模、独立董事比例、换手率、托宾 Q 值和营业收
入增长率与公司违规的回归系数均不显著，这与沙列和奥斯曼（Salleh and
Othman，2016）、陆瑶和胡江燕（2016）、孟庆斌等（2018）和梁上坤等
（2020）的研究结论一致。

6.4 终极控制权与公司违规行为的进一步分析

在上一节中，本书探讨了终极控制权对公司违规行为的影响，但是对于
不同主体、不同类型、不同严重程度的公司违规行为，终极控制权的影响作
用是否具有差异呢？为了加深对相关问题的理解，本书将进一步探讨终极控
制权对具体的公司违规行为特征的影响。

6.4.1 基于违规主体的分析

借鉴何杰和王果（2013）、王敏和何杰（2020）的研究，本书将公司违
规行为按照不同的实施主体分为管理层违规和股东违规。表 6 - 6 是终极控制
权与管理层违规和股东违规的 Logit 回归结果。研究结果显示，终极控制
权与管理层违规的回归系数显著为负 （ - 0. 328，p = 0. 005），即终极控制权越
大，公司管理层违规的可能性越小；终极控制权与股东违规的回归系数显著

为负 (-0.767，p=0.000)，即终极控制权越大，公司股东违规的可能性越小。这说明不论是公司管理层违规还是股东违规，终极控制权均可以发挥抑制作用。正如前文理论分析所述，终极控制人才是上市公司真正的决策主体，终极控制人控制着第一大股东的行为，进而影响公司管理层和其他股东的行为。终极控制权越大，终极所有者就越有能力和动机监督约束管理者和其他股东的行为，从而减少管理层违规和股东违规的可能性。

表6-6　　　　　　　　基于违规主体的分析（2013～2018年）

变量名称	管理层违规			股东违规		
	回归系数	Z统计量	p值	回归系数	Z统计量	p值
终极控制权	-0.328	-2.820	0.005	-0.767	-3.860	0.000
董事会规模	-0.018	-0.880	0.380	-0.011	-0.260	0.793
独立董事比例	-0.587	-0.880	0.380	0.345	0.280	0.782
机构投资者持股	-0.563	-3.210	0.001	-0.541	-1.740	0.082
法律监管环境	-0.017	-2.310	0.021	-0.028	-2.080	0.037
公司曾经是否违规	0.456	6.350	0.000	0.521	3.840	0.000
行业违规公司占比	6.956	7.880	0.000	4.936	3.260	0.001
股票日收益波动率	13.282	2.060	0.039	28.397	2.890	0.004
换手率	0.008	0.630	0.526	0.017	0.820	0.410
产权性质	-0.281	-3.850	0.000	-0.374	-2.860	0.004
公司规模	-0.093	-2.740	0.006	-0.281	-4.550	0.000
股票年收益率	-0.267	-2.680	0.007	-0.379	-2.200	0.028
托宾Q值	0.018	1.040	0.298	0.015	0.590	0.555
营业收入增长率	-0.032	-0.630	0.525	-0.171	-1.610	0.108
资产负债率	1.405	8.050	0.000	1.072	3.730	0.000
截距项	-1.725	-2.070	0.039	0.353	0.220	0.827
年度固定效应	控制			控制		
行业固定效应	控制			控制		

变量名称	管理层违规			股东违规		
	回归系数	Z 统计量	p 值	回归系数	Z 统计量	p 值
Log likelihood		− 3217. 347			− 1285. 126	
Wald chi²		344. 300			221. 270	
Prob > chi²		0. 000			0. 000	
Pseudo R²		0. 053			0. 084	
观测数		8700			8700	

在控制变量方面，机构投资者持股与管理层违规和股东违规的回归系数均显著为负（ − 0.563，p = 0.001； − 0.541，p = 0.082），这说明机构投资者持股可以很好地抑制管理层违规和股东违规；法律监管环境与管理层违规和股东违规的回归系数均显著为负（ − 0.017，p = 0.021； − 0.028，p = 0.037），这说明法律监管环境越好，对公司管理层和股东的约束力越强，管理层违规和股东违规的可能性就越小；公司曾经是否违规与管理层违规和股东违规的回归系数均显著为正（0.456，p = 0.000；0.521，p = 0.000），这说明曾经有过违规行为的公司，其管理层和股东违规的可能性更大；行业违规公司占比与管理层违规和股东违规的回归系数均显著为正（6.956，p = 0.000；4.936，p = 0.001），这说明处于违规比例较高行业中的公司，其管理层和股东违规的可能性越大，充分体现了"近朱者赤，近墨者黑"；股票日收益波动率与管理层违规和股东违规的回归系数均显著为正（13.282，p = 0.039；28.397，p = 0.004），这说明股价波动越剧烈的公司，其管理层和股东越容易违规；资产负债率与管理层违规和股东违规的回归系数均显著为正（1.405，p = 0.000；1.072，p = 0.000），这说明公司杠杆率越高，即破产风险越高的公司，其管理层和股东违规的可能性越大；产权性质与管理层违规和股东违规的回归系数均显著为负（ − 0.281，p = 0.000； − 0.374，p = 0.004），这说明相比非国有企业，国有企业的管理层和股东违规的可能性更

小；公司规模与管理层违规和股东违规的回归系数均显著为负（-0.093，p=0.006；-0.281，p=0.000），这说明规模越大的公司，其治理相对更成熟，因此其管理层和股东违规的可能性就越小；股票年收益率与管理层违规和股东违规的回归系数均显著为负（-0.267，p=0.007；-0.379，p=0.028），这说明股票表现越好的公司，其管理层和股东违规的可能性也越小。此外，董事会规模、独立董事比例、换手率、托宾Q值和营业收入增长率的回归系数均不显著。

6.4.2　基于违规类型的分析

参考陆瑶等（2012）和滕飞等（2016）的研究，本书将上市公司违规分为信息披露违规、经营违规和公司内部监控不规范三种类型。表6-7是终极控制权与信息披露违规、经营违规和公司内部监控不规范的Logit回归结果。研究结果显示，终极控制权与信息披露违规的回归系数显著为负（-0.398，p=0.002），即终极控制权越大，公司发生信息披露违规的可能性越小；终极控制权与经营违规的回归系数显著为负（-0.520，p=0.005），即终极控制权越大，公司发生经营违规的可能性越小；终极控制权与公司内部监控不规范的回归系数显著为负（-0.361，p=0.054），即终极控制权越大，公司内部监控不规范的可能性越小。这说明对于不同类型的公司违规，终极控制权均可以发挥抑制作用。

表6-7　　　　基于违规类型的分析（2013~2018年）

变量名称	信息披露违规			经营违规			公司内部监控不规范		
	回归系数	Z统计量	p值	回归系数	Z统计量	p值	回归系数	Z统计量	p值
终极控制权	-0.398	-3.100	0.002	-0.520	-2.800	0.005	-0.361	-1.930	0.054
董事会规模	-0.022	-0.900	0.367	-0.015	-0.440	0.661	-0.005	-0.150	0.880

续表

变量名称	信息披露违规			经营违规			公司内部监控不规范		
	回归系数	Z 统计量	p 值	回归系数	Z 统计量	p 值	回归系数	Z 统计量	p 值
独立董事比例	-0.488	-0.650	0.515	0.025	0.020	0.982	-0.991	-0.880	0.377
机构投资者持股	-0.698	-3.500	0.000	-0.359	-1.280	0.200	-0.647	-2.080	0.038
法律监管环境	-0.022	-2.660	0.008	0.002	0.130	0.894	-0.052	-4.160	0.000
公司曾经是否违规	0.532	6.520	0.000	0.315	2.720	0.006	0.395	3.280	0.001
行业违规公司占比	6.437	6.520	0.000	4.927	3.750	0.000	6.720	5.060	0.000
股票日收益波动率	13.982	2.010	0.045	23.274	2.390	0.017	17.028	1.620	0.105
换手率	0.009	0.620	0.538	0.010	0.520	0.601	0.026	1.230	0.218
产权性质	-0.338	-4.150	0.000	-0.439	-3.640	0.000	-0.134	-1.110	0.266
公司规模	-0.188	-4.870	0.000	-0.095	-1.740	0.082	0.002	0.040	0.965
股票年收益率	-0.365	-3.310	0.001	-0.182	-1.150	0.251	-0.212	-1.200	0.228
托宾 Q 值	0.019	1.030	0.302	0.003	0.130	0.900	-0.012	-0.380	0.702
营业收入增长率	-0.019	-0.330	0.741	-0.152	-1.530	0.126	-0.153	-1.600	0.110
资产负债率	1.671	8.910	0.000	0.747	2.590	0.010	0.921	3.000	0.003
截距项	0.221	0.230	0.818	-2.417	-1.740	0.082	-5.144	-3.770	0.000
年度固定效应	控制			控制			控制		
行业固定效应	控制			控制			控制		
Log likelihood	-2736.709			-1487.918			-1437.026		
Wald chi^2	408.690			127.160			137.820		
Prob > chi^2	0.000			0.000			0.000		
Pseudo R^2	0.071			0.039			0.047		
观测数	8700			8700			8700		

控制变量方面，机构投资者持股与信息披露违规、经营违规和公司内部监控不规范的回归系数均为负（-0.698，p = 0.000；-0.359，p = 0.200；

－0.647，p＝0.038），这说明机构投资者持股比例越高，信息披露违规、经营违规和公司内部监控不规范的可能性越小，不过机构投资者持股对经营违规的影响并没有达到统计上的显著性，其原因可能在于与企业经营行为相比，投资者更为关注公司财务活动和会计信息的披露行为，这与陆瑶等（2012）的研究结论一致；法律监管环境与信息披露违规和公司内部监控不规范的回归系数均显著为负（－0.022，p＝0.008；－0.052，p＝0.000），但与公司经营违规没有显著关系，这说明法律监管环境对公司信息披露和内部监控的影响较大，而对公司经营活动的影响较小；公司曾经是否违规与信息披露违规、经营违规和公司内部监控不规范的回归系数均显著为正（0.532，p＝0.000；0.315，p＝0.006；0.395，p＝0.001），这说明曾经有过违规行为的公司，其信息披露违规、经营违规和公司内部监控不规范的可能性更大；行业违规公司占比与信息披露违规、经营违规和公司内部监控不规范的回归系数均显著为正（6.437，p＝0.000；4.927，p＝0.000；6.720，p＝0.000），这说明处于违规比例较高行业中的公司，其信息披露违规、经营违规和公司内部监控不规范的可能性越大；股票日收益波动率对信息披露违规和经营违规的影响均显著为正（13.982，p＝0.045；23.274，p＝0.017），但对公司内部监控不规范的影响没有达到统计上的显著性（17.028，p＝0.105），这说明股价波动越剧烈的公司，其信息披露违规、经营违规的可能性越大，但对公司内部监控的影响较小；资产负债率与信息披露违规、经营违规和公司内部监控不规范的回归系数均显著为正（1.671，p＝0.000；0.747，p＝0.010；0.921，p＝0.003），这说明公司杠杆率越高，即破产风险越高的公司，其信息披露违规、经营违规和公司内部监控不规范的可能性都越大；产权性质对信息披露违规和经营违规的影响均显著为负（－0.338，p＝0.000；－0.439，p＝0.000），对公司内部监控不规范的影响也为负，但没有达到统计上的显著性，这说明相比非国有企业，国有企业信息披露违规、经营违规和公司内部监控不规范的可能性更小；公司规模对信息披露违规和经营违规的影响均显著为负（-0.188，p=0.000；-0.095，p=0.082），对公司内部监控不规范的影响不显著，这说明公司规模对信息披露违规和经营违规的影响比较大，而对公司内部监控不规范的影响比较小；股票年收益率对信息披露违规的影响显著为负（-0.365，p=0.001），对经营违规和公司内部监控不规范的影响也为负，但没有达到统计上的显著性，这说明股票表现越好的公司，其信息披露违规、经营违规和公司内部监控不规范的可能性都更小一些。此外，董事会规模、独立董事比例、换手率、托宾Q值和营业收入增长率的回归系数均不显著。

6.4.3 基于违规严重程度的分析

参考梁上坤等（2020）、张旻等（Zhang et al.，2018）的研究，本书根据处罚程度将公司违规分为一般违规和严重违规。表6-8是终极控制权与一般违规和严重违规的Logit回归结果。研究结果显示，终极控制权与一般违规的回归系数显著为负（-0.412，p=0.000），即终极控制权越大，公司发生一般违规的可能性越小；终极控制权与严重违规的回归系数显著为负（-0.713，p=0.002），即终极控制权越大，公司发生严重违规的可能性越小。这说明终极控制权对不同严重程度的公司违规行为均有抑制作用。

在控制变量方面，机构投资者持股与一般违规和严重违规的回归系数均显著为负（-0.452，p=0.009；-1.745，p=0.000），这说明机构投资者持股比例越高，公司一般违规和严重违规的可能性就越小，机构投资者持股可以很好地抑制一般违规和严重违规；法律监管环境对一般违规的影响显著为负（-0.024，p=0.001），对严重违规的影响也为负，但没有达到统计上的显著，这说明法律监管环境越好，公司发生一般违规和严重违规的可能性都更小，但对一般违规的抑制作用更强；公司曾经是否违规与一般违规和严重违规的回归系数均显著为正（0.412，p=0.000；0.685，p=0.000），这说明曾经有过违规行为的公司，其发生一般违规和严重违规的可能性都更大；行业违规公司占比与一般违规和严重违规的回归系数均显著为正（6.877，p = 0.000；7.678，p = 0.000），这说明处于违规比例较高行业中的公司，其发生一般违规和严重违规的可能性都更大；股票日收益波动率对一般违规的影响显著为正（17.970，p = 0.004），对严重违规的影响也为正，但没有达到统计上的显著性，这说明股价波动越剧烈的公司，其发生一般违规和严重违规的可能性都越大，但是对一般违规的影响更大；资产负债率与一般违规和严重违规的回归系数均显著为正（1.234，p = 0.000；1.342，p = 0.000），这说明公司杠杆率越高，即破产风险越高的公司，其发生一般违规和严重违规的可能性都越大；产权性质与一般违规和严重违规的回归系数均显著为负（-0.267，p = 0.000；-0.263，p = 0.068），这说明相比非国有企业，国有企业发生一般违规和严重违规的可能性都更小；公司规模与一般违规和严重违规的回归系数均显著为负（-0.115，p = 0.001；-0.116，p = 0.090），这说明规模越大的公司，其治理机制可能更完善，其发生一般违规和严重违规的可能性就越小；股票年收益率与一般违规和严重违规的回归系数均显著为负（-0.211，p = 0.030；-0.415，p = 0.036），这说明股票表现越好的公司，其发生一般违规和严重违规的可能性也越小。此外，董事会规模、独立董事比例、换手率、托宾 Q 值和营业收入增长率的回归系数均不显著。

表 6 - 8　　　　　　基于违规严重程度的分析（2013 ~ 2018 年）

变量名称	一般违规			严重违规		
	回归系数	Z 统计量	p 值	回归系数	Z 统计量	p 值
终极控制权	-0.412	-3.570	0.000	-0.713	-3.160	0.002
董事会规模	-0.019	-0.920	0.360	-0.070	-1.640	0.101
独立董事比例	-0.530	-0.770	0.439	-0.892	-0.710	0.478

续表

变量名称	一般违规			严重违规		
	回归系数	Z统计量	p值	回归系数	Z统计量	p值
机构投资者持股	−0.452	−2.610	0.009	−1.745	−4.500	0.000
法律监管环境	−0.024	−3.210	0.001	−0.009	−0.570	0.566
公司曾经是否违规	0.412	5.780	0.000	0.685	4.370	0.000
行业违规公司占比	6.877	7.860	0.000	7.678	4.920	0.000
股票日收益波动率	17.970	2.870	0.004	2.896	0.220	0.829
换手率	0.012	0.930	0.351	−0.017	−0.640	0.520
产权性质	−0.267	−3.670	0.000	−0.263	−1.820	0.068
公司规模	−0.115	−3.430	0.001	−0.116	−1.700	0.090
股票年收益率	−0.211	−2.170	0.030	−0.415	−2.090	0.036
托宾Q值	0.014	0.870	0.387	0.052	1.790	0.074
营业收入增长率	−0.022	−0.450	0.650	−0.034	−0.330	0.745
资产负债率	1.234	7.190	0.000	1.342	3.910	0.000
截距项	−1.208	−1.430	0.153	−2.303	−1.360	0.174
年度固定效应	控制			控制		
行业固定效应	控制			控制		
Log likelihood	−3242.491			−1055.052		
Wald chi^2	347.770			179.720		
Prob > chi^2	0.000			0.000		
Pseudo R^2	0.052			0.078		
观测数	8700			8700		

综上所述,终极控制权对不同主体、不同类型、不同严重程度的公司违规行为均具有抑制作用,这进一步支持了本书的假设 H1。

6.5 公司内部治理机制在终极控制权影响
公司违规行为中的调节效应检验

6.5.1 董事会规模的调节效应检验

董事会规模在董事会有效解决代理问题中发挥了关键性的作用。为了检验董事会规模对终极控制权与公司违规行为关系的影响，本研究在主效应检验模型（1）的基础上加入了终极控制权与董事会规模的交互项，结果如表6-9所示。研究结果显示，终极控制权与公司违规行为的关系仍然显著为负（-0.441，p=0.000），这与表6-5中的主效应检验结果保持一致；终极控制权与董事会规模的交互项与公司违规显著正相关（0.107，p=0.033），与主效应系数符号相反，这表明现阶段董事会规模的扩大能够显著弱化终极控制权对公司违规行为的抑制作用，即随着董事会规模的扩大，终极控制权对公司违规行为的抑制作用减弱，验证了本书的研究假设 H2a。

表6-9　　　　董事会规模的调节效应检验（2013～2018年）

变量名称	公司违规行为		
	回归系数	Z统计量	p值
终极控制权	-0.441	-4.030	0.000
终极控制权×董事会规模	0.107	2.130	0.033
董事会规模	-0.014	-0.710	0.480
独立董事比例	-0.478	-0.740	0.457
机构投资者持股	-0.593	-3.570	0.000

变量名称	公司违规行为		
	回归系数	Z 统计量	p 值
法律监管环境	−0.020	−2.830	0.005
公司曾经是否违规	0.447	6.590	0.000
行业违规公司占比	7.046	8.300	0.000
股票日收益波动率	17.319	2.880	0.004
换手率	0.008	0.680	0.496
产权性质	−0.276	−3.990	0.000
公司规模	−0.111	−3.440	0.001
股票年收益率	−0.259	−2.760	0.006
托宾 Q 值	0.025	1.530	0.125
营业收入增长率	−0.048	−1.000	0.315
资产负债率	1.241	7.490	0.000
截距项	−1.116	−1.380	0.169
年度固定效应	控制		
行业固定效应	控制		
Log likelihood	−3489.643		
Wald chi^2	397.750		
Prob > chi^2	0.000		
Pseudo R^2	0.057		
观测数	8700		

6.5.2 独立董事比例的调节效应检验

董事会的独立性对于董事会发挥治理作用具有关键性的影响，而独立董事在董事会中的比例在很大程度上反映了董事会的独立性（曾庆生和陈信元，2006）。为了检验独立董事比例对终极控制权与公司违规行为关系的影响，本书在主效应检验模型（1）的基础上加入了终极控制权与独立董事比例的交互项，结果如表 6 - 10 所示。研究结果显示，终极控制权与公司违规行为的关系仍然显著为负（ - 0.442，p = 0.000），与表 6 - 5 中的主效应检验结果保持一致；终极控制权与独立董事比例的交互项对公司违规的影响为正，不过在统计上并不显著，这说明独立董事比例能够对终极控制权的"抑制"作用产生一定的影响，但这种影响并没有达到统计上的显著。对于这一结果，其原因可能在于：首先，独立董事并不独立，大多凭"关系资源"产生（杨清香等，2009）；其次，缺乏完善的独立董事问责机制，使其风险意识和责任感薄弱（段从清，2004）；最后，独立董事薪酬机制不完善，存在水平低且差距大等问题，使得独立董事积极履行职责的动力不足（孙泽蕤和朱晓妹，2005）。这些问题使得独立董事的设置仅仅是为了执行相关规定，并没有发挥出应该具有的监督治理作用。

表 6 - 10　　　　独立董事比例的调节效应检验（2013～2018 年）

变量名称	公司违规行为		
	回归系数	Z 统计量	p 值
终极控制权	- 0.442	- 4.020	0.000
终极控制权 × 独立董事比例	1.282	0.650	0.516
董事会规模	- 0.019	- 0.970	0.334
独立董事比例	- 0.527	- 0.820	0.412
机构投资者持股	- 0.598	- 3.600	0.000
法律监管环境	- 0.020	- 2.860	0.004
公司曾经是否违规	0.447	6.580	0.000
行业违规公司占比	6.936	8.200	0.000
股票日收益波动率	17.726	2.950	0.003
换手率	0.008	0.630	0.532
产权性质	- 0.273	- 3.960	0.000

续表

变量名称	公司违规行为		
	回归系数	Z 统计量	p 值
公司规模	-0.114	-3.540	0.000
股票年收益率	-0.259	-2.770	0.006
托宾 Q 值	0.024	1.520	0.129
营业收入增长率	-0.046	-0.970	0.334
资产负债率	1.238	7.490	0.000
截距项	-0.987	-1.220	0.221
年度固定效应	控制		
行业固定效应	控制		
Log likelihood	-3491.429		
Wald chi^2	391.090		
Prob > chi^2	0.000		
Pseudo R^2	0.057		
观测数	8700		

6.5.3 监事会规模的调节效应检验

监事会属于中国上市公司治理机制中的重要组成部分，与董事会规模一样，监事会规模是影响监事会治理作用发挥的关键因素。为了检验监事会规模对终极控制权与公司违规行为关系的影响，本书在主效应检验模型（1）的基础上加入了监事会规模和终极控制权与监事会规模的交互项，结果如表 6-11 所示。研究结果显示，终极控制权与公司违规行为的关系仍然显著为负（-0.749，p=0.013），与表 6-5 中的主效应检验结果保持一致；终极控制权与监事会规模的交互项对公司违规的影响为正，不过在统计上并不显著（p=0.268），但 Z 统计量较大（Z=1.110），这说明监事会规模对终极控制权与公司违规行为之间的关系有一定的调节作用，但是这种调节作用不明显，验证了本书的研究假设 H2c。正如前文理论分析所述，虽然监事会是重要的监督治理机制，但是由于中国资本市场的历史相对较短，监事会存在多方面的问题：通常大股东选派监事的选拔机制，使得监事会的独立性不强；监督信息不足及制约手段有限，使得监事会监督水平一般；激励机制及约束机制的不健全，使得监事会积极履行职责的动力不足等（王彦明和赵大伟，2016）。另外大多数上市公司尚未认识到监事会在公司治理中的重要作用，组建监事会也仅仅是为了满足法律的要求（Dahya et al.，2002），这使监事会形同虚设，难以发挥监督治理的作用。

表 6 - 11　　　　监事会规模的调节效应检验（2013 ~ 2018 年）

变量名称	公司违规行为		
	回归系数	Z 统计量	p 值
终极控制权	- 0.749	- 2.500	0.013
监事会规模	- 0.037	- 0.600	0.546
终极控制权 × 监事会规模	0.080	1.110	0.268
董事会规模	- 0.024	- 1.150	0.251
独立董事比例	- 0.551	- 0.860	0.392
机构投资者持股	- 0.596	- 3.580	0.000
法律监管环境	- 0.020	- 2.760	0.006
公司曾经是否违规	0.447	6.590	0.000
行业违规公司占比	6.975	8.220	0.000
股票日收益波动率	17.636	2.930	0.003
换手率	0.008	0.650	0.518
产权性质	- 0.287	- 4.100	0.000
公司规模	- 0.116	- 3.550	0.000
股票年收益率	- 0.259	- 2.760	0.006
托宾 Q 值	0.024	1.500	0.133

续表

变量名称	公司违规行为		
	回归系数	Z统计量	p值
营业收入增长率	-0.046	-0.950	0.341
资产负债率	1.235	7.470	0.000
截距项	-0.752	-0.910	0.365
年度固定效应	控制		
行业固定效应	控制		
Log likelihood	-3490.701		
Wald chi^2	395.800		
Prob > chi^2	0.000		
Pseudo R^2	0.057		
观测数	8700		

6.5.4　管理层持股的调节效应检验

激励机制属于公司内部治理的另一方面，现有研究普遍认为管理层的股权激励能更好地调动管理层努力工作的积极性，协调管理层与股东的利益一致性，减少管理层的机会主义败德行为。为了检验管理层持股对终极控制权与公司违规行为关系的影响，本书在主效应检验模型（1）的基础上加入了管理层持股和终极控制权与管理层持股的交互项，结果如表6-12所示。研究结果显示，终极控制权与公司违规的关系仍然显著为负（-0.513，p=0.000），与表6-5中的主效应检验结果保持一致；终极控制权与管理层持股的交互项对公司违规的影响为正，不过在统计上并不显著（p=0.236），但Z统计量较大（Z=1.190），这说明管理层持股在一定程度上能够弱化终极控制权对公司违规行为的"抑制"作用，但这一调节作用并没有达到统计上的显著性。对于这一结果的出现，其原因可能在于两个方面：①中国上市公司薪酬水平与公司业绩脱钩的现象仍然比较严重（罗宏等，2014）；②管理层零持股和持股比例较低的现象仍然比较普遍（刘绍娓和万大艳，2013），这使得股权激励效果不明显。

表 6-12　　　　　管理层持股的调节效应检验（2013~2018 年）

变量名称	公司违规行为		
	回归系数	Z 统计量	p 值
终极控制权	-0.513	-4.300	0.000
管理层持股比例	-1.941	-2.390	0.017
终极控制权×管理层持股比例	1.148	1.190	0.236
董事会规模	-0.022	-1.050	0.292
独立董事比例	-0.530	-0.800	0.425
机构投资者持股	-0.776	-4.210	0.000
法律监管环境	-0.017	-2.260	0.024
公司曾经是否违规	0.416	5.830	0.000
行业违规公司占比	7.244	8.280	0.000
股票日收益波动率	19.546	3.190	0.001
换手率	0.007	0.590	0.558
产权性质	-0.313	-4.330	0.000
公司规模	-0.113	-3.410	0.001
股票年收益率	-0.203	-2.120	0.034
托宾 Q 值	0.020	1.200	0.231
营业收入增长率	-0.033	-0.700	0.487
资产负债率	1.150	6.650	0.000
截距项	-0.997	-1.190	0.236
年度固定效应	控制		
行业固定效应	控制		
Log likelihood	-3315.693		

续表

变量名称	公司违规行为		
	回归系数	Z 统计量	p 值
Wald chi^2	379.090		
Prob > chi^2	0.000		
Pseudo R^2	0.058		
观测数	8238		

6.6 公司外部治理机制在终极控制权影响公司违规中的调节效应检验

6.6.1 分析师关注度的调节效应检验

有效监督假说认为，证券分析师作为委托人与代理人之间的信息中介，可以提高信息透明度，降低信息不对称，发挥有效的治理效应。但是压力假说认为分析师的关注可能会增加代理问题。为了检验分析师关注度对终极控制权与公司违规行为关系的影响，本研究在主效应检验模型（1）的基础上加入了分析师关注度和终极控制权与分析师关注度的交互项，结果如表 6 – 13 所示。研究结果显示，终极控制权与公司违规的关系仍然显著为负（ – 0.513，p = 0.009），与表 6 – 5 中的主效应检验结果保持一致；分析师关注度与公司违规行为的回归系数为 – 0.027，显著性水平 p = 0.041，说明分析师关注度对公司违规有直接约束作用，支持有效监督假说；终极控制权与分析师关注度的交互项对公司违规的影响系数为 0.022，显著性水平 p = 0.149，说明在一定程度上分析师关注度的增加能够弱化终极控制权对公司违规行为的抑制作用，但这种调节作用没有达到统计上的显著性。

表 6-13　　　　分析师关注度的调节效应检验（2013~2018 年）

变量名称	公司违规行为		
	回归系数	Z 统计量	p 值
终极控制权	-0.513	-2.630	0.009
分析师关注度	-0.027	-2.040	0.041
终极控制权×分析师关注度	0.022	1.440	0.149
董事会规模	0.012	0.510	0.612
独立董事比例	-0.807	-1.010	0.315
机构投资者持股	-0.465	-2.290	0.022
法律监管环境	-0.025	-2.770	0.006
公司曾经是否违规	0.294	3.470	0.001
行业违规公司占比	7.565	6.970	0.000
股票日收益波动率	17.377	2.090	0.037
换手率	-0.011	-0.680	0.494
产权性质	-0.342	-3.790	0.000
公司规模	-0.116	-2.410	0.016
股票年收益率	-0.210	-1.780	0.075
托宾 Q 值	0.055	2.140	0.033
营业收入增长率	-0.032	-0.540	0.589
资产负债率	1.331	5.180	0.000
截距项	-0.754	-0.660	0.512
年度固定效应	控制		
行业固定效应	控制		
Log likelihood	-2140.466		
Wald chi^2	224.490		
Prob > chi^2	0.000		
Pseudo R^2	0.054		
观测数	5889		

进一步，本书以研报关注度作为分析师关注度的替代变量，在主效应检验模型（1）的基础上加入了研报关注度和终极控制权与研报关注度的交互项，结果如表 6 – 14 所示。研究结果显示，终极控制权与公司违规的关系仍然显著为负（– 0.511，p = 0.005），与表 6 – 5 中的主效应检验结果保持一致；研报关注度与公司违规的回归系数为 – 0.013，显著性水平 p = 0.018，说明研报关注度对公司违规有直接约束作用；终极控制权与研报关注度的交互项与公司违规行为显著正相关（0.011，p = 0.077），这说明随着研报关注度的增加，终极控制权对公司违规行为的抑制作用减弱。

表 6 – 14 　　　　　研报关注度的调节效应检验（2013 ~ 2018 年）

变量名称	公司违规行为		
	回归系数	Z 统计量	p 值
终极控制权	– 0.511	– 2.820	0.005
研报师关注度	– 0.013	– 2.360	0.018
终极控制权 × 研报关注度	0.011	1.770	0.077
董事会规模	0.011	0.470	0.640
独立董事比例	– 0.817	– 1.020	0.309
机构投资者持股	– 0.469	– 2.310	0.021
法律监管环境	– 0.026	– 2.790	0.005
公司曾经是否违规	0.298	3.510	0.000
行业违规公司占比	7.492	6.920	0.000
股票日收益波动率	17.263	2.080	0.037
换手率	– 0.012	– 0.710	0.480
产权性质	– 0.347	– 3.840	0.000
公司规模	– 0.112	– 2.330	0.020
股票年收益率	– 0.203	– 1.720	0.085
托宾 Q 值	0.056	2.180	0.029

续表

变量名称	公司违规行为		
	回归系数	Z 统计量	p 值
营业收入增长率	−0.030	−0.510	0.611
资产负债率	1.327	5.190	0.000
截距项	−0.803	−0.700	0.482
年度固定效应	控制		
行业固定效应	控制		
Log likelihood	−2140.401		
Wald chi^2	226.590		
Prob > chi^2	0.000		
Pseudo R^2	0.055		
观测数	5895		

6.6.2　是否聘请高质量审计师的调节效应检验

审计监督作为一种有效的外部治理机制，能够约束企业的不当行为，缓解代理问题。为了验证是否聘请高质量审计师对终极控制权与公司违规之间关系的影响，本研究将样本分为"聘请高质量审计师"和"没有聘请高质量审计师"两组，运用模型（7）和模型（8）分组验证终极控制权与公司违规的关系，回归结果如表 6–15 所示。研究结果显示，在"没有聘请高质量审计师"样本组，终极控制权与公司违规行为之间显著负相关（−0.481，p = 0.000），而在"聘请高质量审计师"样本组，终极控制权与公司违规行为之间不具有显著的关系，说明公司聘请高质量审计师后，终极控制权对公司违规行为的抑制作用减弱，这支持了本书的假设 H3b。

表 6 – 15   是否聘请高质量审计师的调节效应检验（2013～2018 年）

变量名称	公司违规行为					
	"聘请高质量审计师"分样本			"没有聘请高质量审计师"分样本		
	回归系数	Z 统计量	p 值	回归系数	Z 统计量	p 值
终极控制权	0.712	1.140	0.256	− 0.481	− 4.320	0.000
董事会规模	− 0.092	− 0.880	0.381	− 0.009	− 0.410	0.683
独立董事比例	− 3.600	− 1.350	0.176	− 0.418	− 0.630	0.530
机构投资者持股	− 0.356	− 0.560	0.578	− 0.543	− 3.130	0.002
法律监管环境	0.026	0.640	0.524	− 0.021	− 2.830	0.005
公司曾经是否违规	0.387	1.090	0.277	0.439	6.300	0.000
行业违规公司占比	8.939	2.740	0.006	7.086	7.810	0.000
股票日收益波动率	35.720	1.280	0.202	15.885	2.560	0.010
换手率	0.143	1.770	0.077	0.004	0.310	0.757
产权性质	− 0.487	− 1.370	0.170	− 0.269	− 3.800	0.000
公司规模	− 0.026	− 0.180	0.857	− 0.093	− 2.660	0.008
股票年收益率	− 0.370	− 0.810	0.418	− 0.256	− 2.660	0.008
托宾 Q 值	0.287	1.330	0.183	0.026	1.670	0.095
营业收入增长率	− 0.577	− 1.020	0.309	− 0.042	− 0.880	0.377
资产负债率	2.846	2.160	0.031	1.194	7.150	0.000
截距项	− 4.320	− 1.220	0.222	− 1.509	− 1.700	0.089
年度固定效应	控制			控制		
行业固定效应	控制			控制		
Log likelihood	− 168.906			− 3298.582		
Wald chi^2	64.280			330.430		
Prob > chi^2	0.000			0.000		
Pseudo R^2	0.137			0.051		
观测数	738			7920		

6.6.3 产品市场竞争程度的调节效应检验

根据前述理论分析，良好的产品市场竞争不仅能够提高经济效率，而且能够发挥外部监督治理的作用。为了检验产品市场竞争程度对终极控制权与公司违规行为关系的影响，本书在主效应检验模型（1）的基础上加入了产品市场竞争程度和终极控制权与产品市场竞争程度的交互项，结果如表6-16所示。研究结果显示，终极控制权与公司违规的关系仍然显著为负（-0.331，p=0.016），与表6-5中的主效应检验结果保持一致；终极控制权与产品市场竞争程度的交互项对公司违规的影响为负，显著性水平p=0.164，本书采用赫芬达尔指数衡量产品市场竞争程度，数值越小，表示产品市场竞争程度越激烈，因此终极控制权与产品市场竞争程度的交互项对公司违规的影响为负，说明产品市场竞争程度越激烈，终极控制权对公司违规的抑制作用越弱，不过这种调节作用也没有达到统计上的显著性，其原因可能在于我国目前的市场体系仍然不够完善、竞争仍然不够充分、市场发育仍然不够平衡、对政府与市场的关系没有准确清晰的认识，这导致竞争市场的监督治理效果不明显。

表6-16　　产品市场竞争程度的调节效应检验（2013~2018年）

变量名称	公司违规行为		
	回归系数	Z统计量	p值
终极控制权	-0.331	-2.400	0.016
产品市场竞争程度	0.551	1.050	0.296
终极控制权×产品市场竞争程度	-0.873	-1.390	0.164
董事会规模	-0.012	-0.600	0.550
独立董事比例	-0.609	-0.940	0.345
机构投资者持股	-0.398	-2.790	0.005
法律监管环境	-0.019	-2.760	0.006
公司曾经是否违规	0.449	6.610	0.000

变量名称	公司违规行为		
	回归系数	Z 统计量	p 值
行业违规公司占比	5.487	7.520	0.000
股票日收益波动率	7.544	1.750	0.080
换手率	0.007	0.670	0.504
产权性质	−0.311	−4.600	0.000
公司规模	−0.119	−3.950	0.000
股票年收益率	−0.262	−3.370	0.001
托宾 Q 值	0.031	2.000	0.046
营业收入增长率	−0.046	−0.970	0.331
资产负债率	1.241	7.680	0.000
截距项	0.088	0.120	0.903
Log likelihood	−3471.402		
Wald chi^2	370.350		
Prob > chi^2	0.000		
Pseudo R^2	0.053		
观测数	8597		

综上可知，尽管由于存在一些问题，使得部分内外部治理机制指标的调节效应没有达到统计上的显著，但是，总体上随着公司内外部治理机制的完善，终极控制权对公司违规行为的抑制作用有所减弱。

6.7　稳健性检验

6.7.1　倾向得分匹配法（PSM）

为缓解可能的样本选择偏差（违规观测值占比过低）和自选择偏差导致

的内生性问题，本书借鉴滕飞等（2016）、梁上坤等（2020）的研究，采用倾向得分匹配法（PSM），为违规公司匹配样本，然后再次进行检验。具体步骤借鉴王烨等（2021）的研究，首先，计算某公司的违规倾向得分值（PS），即在给定的特征变量下，公司违规的条件概率。在本研究中，所有的特征变量包括董事会规模、独立董事比例、机构投资者持股、法律监管环境、公司曾经是否违规、行业违规公司占比、股票日收益波动率、换手率、产权性质、公司规模、股票年收益率、托宾 Q 值、营业收入增长率、资产负债率。其次，采用1∶1的最近邻匹配法（无放回匹配），按照违规倾向得分值，对处理组（违规公司样本组）和控制组（未违规公司样本组）进行匹配，最终得到了处理组（违规样本组）和控制组（未违规样本组）共 2638 个观测值。最后，本书进行了平衡性检验，发现匹配结果是有效的。

利用匹配样本，本书重新检验主效应模型（1），回归结果见表 6 - 17。研究结果显示，终极控制权与公司违规行为之间存在显著的负相关关系（-0.574，p = 0.000），这说明终极控制权越大，公司违规的可能性越小，假设 H1 仍然得到了支持。

表 6 - 17   稳健性检验 I：倾向得分匹配法（2013 ~ 2018 年）

变量名称	公司违规行为		
	回归系数	Z 统计量	p 值
终极控制权	-0.574	-3.990	0.000
董事会规模	-0.030	-1.150	0.250
独立董事比例	-0.315	-0.380	0.704
机构投资者持股	-0.297	-1.390	0.165
法律监管环境	-0.003	-0.300	0.767
公司曾经是否违规	0.001	0.010	0.993
行业违规公司占比	1.835	1.630	0.104
股票日收益波动率	14.504	1.980	0.048

变量名称	公司违规行为		
	回归系数	Z 统计量	p 值
换手率	− 0.007	− 0.480	0.633
产权性质	0.121	1.380	0.167
公司规模	0.020	0.490	0.627
股票年收益率	0.023	0.200	0.840
托宾 Q 值	− 0.017	− 0.890	0.374
营业收入增长率	0.004	0.070	0.947
资产负债率	0.057	0.290	0.775
截距项	− 0.768	− 0.760	0.447
年度固定效应	控制		
行业固定效应	控制		
Log likelihood	− 1802.594		
Wald chi^2	50.880		
Prob > chi^2	0.003		
Pseudo R^2	0.014		
观测数	2638		

6.7.2 部分可观测 Bivariate Probit 模型

由于实际只能观察到那些已经发生并且被稽查出的违规行为。因此，公司违规数据具有部分可观测性。为了解决这一问题，本书借鉴陆瑶等（2012）、滕飞等（2016）、卡纳等（Khanna et al. , 2015）及万良勇等（2014）的研究，使用部分可观测 Bivariate Probit 模型，引入两个潜变量违规倾向（Fr）和违规稽查（De）来研究公司违规行为：

$$Fr_{it}^* = \beta_F X_{Fit} + \mu_{it} \qquad (6-1)$$

$$De_{it}^* = \beta_D X_{Dit} + \gamma_{it} \qquad (6-2)$$

式中，Fr_{it}^* 表示公司 i 在 t 年度的违规倾向，De_{it}^* 表示公司 i 在 t 年度存在违规且被稽查出的可能性；X_{Fit} 和 X_{Dit} 分别是解释公司违规倾向和违规稽查的两组解释变量；β_F、β_D 分别是 X_{Fit} 和 X_{Dit} 的系数；μ_{it} 和 γ_{it} 是两个均值为 0 且服从二元正态分布的随机扰动项。

哑变量 Fr_{it} 和 De_{it} 的定义：当 $Fr_{it}^* > 0$ 时，$Fr_{it} = 1$，否则 $Fr_{it} = 0$；当 $De_{it}^* > 0$ 时，$De_{it} = 1$，否则 $De_{it} = 0$。由于在样本观测中不能直接观测到 Fr_{it} 和 De_{it} 的取值，而是观测到它们的乘积 Z_{it}，$Z_{it} = 1$ 表示公司 i 在 t 年度存在违规行为且被稽查出，$Z_{it} = 0$ 表示公司 i 在 t 年度没有违规或者发生违规却未被稽查发现，故有：

$$P(Z_{it} = 1) = P(Fr_{it} \times De_{it} = 1) = P(De_{it} = 1 \mid Fr_{it} = 1) \times P(Fr_{it} = 1)$$
$$= \varphi(\beta_D X_{Dit}, \ \beta_F X_{Fit}, \ \rho) \qquad (6-3)$$

$$P(Z_{it} = 0) = P(Fr_{it} \times De_{it} = 0) = P(De_{it} = 0 \mid Fr_{it} = 1) \times P(Fr_{it} = 1)$$
$$+ P(Fr_{it} = 0) = 1 - \varphi(\beta_D X_{Dit}, \ \beta_F X_{Fit}, \ \rho) \qquad (6-4)$$

式中，ρ 是 μ_{it} 和 γ_{it} 的相关系数。则 Z_{it} 的对数似然函数为：

$$L(\beta_F, \ \beta_D, \ \rho) = \sum \ln(P(Z_{it} = 1)) + \sum \ln(P(Z_{it} = 0))$$
$$= \sum \{ Z_{it} \times \ln[\varphi(\beta_F X_{Fit}, \ \beta_D X_{Dit}, \ \rho)]$$
$$+ (1 - Z_{it}) \times \ln[1 - \varphi(\beta_F X_{Fit}, \ \beta_D X_{Dit}, \ \rho)] \} \qquad (6-5)$$

通过式（6-5），采用最大似然函数法进行模型的参数估计。在部分可观测 Bivariate Probit 模型中，为有效区分违规倾向和违规稽查，要求 X_{Fit} 和 X_{Dit} 包含的解释变量不能完全相同，并且解释变量数据在样本中有足够的变化，因此需要两组不完全相同的控制变量以分别解释公司违规倾向与违规稽查。借鉴陆瑶等（2012）、滕飞等（2016）、卡纳等（Khanna et al.，2015）及万良勇等（2014）的研究，本书采用产权性质、董事会规模、独立董事比例、公司规模、股票年收益率作为解释公司违规倾向的控制变量，这些公司治理因素以及经营情况会影响公司的违规动机；采用董事会规模、独立董事比例、托宾 Q 值、公司营业收入增长率、公司的资产负债率、公司是否曾经违规、行业违规情况、公司股票收益率的波动以及股票流通股换手率作为解释公司违规稽查的控制变量，这些变量的变化会导致监管部门和投资者关注程度的不同，从而改变公司受到违规稽查和诉讼的可能性大小。另外，借鉴滕飞等（2016）的研究，加入监管环境类指标（机构投资者持股与法律监管环境）用于同时解释公司违规倾向和违规稽查，因为有效的监管不仅可以减少公司违规倾向，而且还可以提高公司违规后被稽查出的可能性。这两组控制变量不完全相同，因此满足 Bivariate Probit 估计模型的要求。表 6 – 18 为使用部分可观测 Bivariate Probit 模型的回归结果。研究结果显示，终极控制权与公司违规倾向显著负相关（ – 0. 892，p = 0. 029），与违规稽查显著正相关（0. 705，p = 0. 076），这说明终极控制权越大，公司违规倾向越低，同时其违规行为被稽查出的可能性越大，这进一步证实了本书的假设 H1。

表 6 – 18　　　稳健性检验 II：部分可观测 Bivariate Probit 模型（2013 ~ 2018 年）

变量名称	违规倾向			违规稽查		
	回归系数	Z 统计量	p 值	回归系数	Z 统计量	p 值
终极控制权	– 0. 892	– 2. 180	0. 029	0. 705	1. 770	0. 076
董事会规模	0. 100	2. 300	0. 021	– 0. 108	– 3. 120	0. 002
独立董事比例	1. 605	1. 210	0. 227	– 1. 893	– 1. 430	0. 153
机构投资者持股	– 0. 479	– 0. 970	0. 333	0. 346	0. 610	0. 540
法律监管环境	0. 000	0. 020	0. 988	– 0. 010	– 0. 510	0. 610
产权性质	– 0. 131	– 3. 270	0. 001			
公司规模	– 0. 057	– 3. 360	0. 001			
股票年收益率	– 0. 107	– 2. 670	0. 008			
托宾 Q 值				0. 023	2. 060	0. 040

续表

变量名称	违规倾向			违规稽查		
	回归系数	Z 统计量	p 值	回归系数	Z 统计量	p 值
营业收入增长率				−0.016	−0.770	0.441
资产负债率				0.597	4.440	0.000
公司曾经是否违规				0.197	3.840	0.000
行业违规公司占比				2.783	4.360	0.000
股票日收益波动率				2.667	1.210	0.226
换手率				0.004	0.630	0.529
截距项	0.830	0.950	0.342	0.421	0.520	0.601
Log likelihood	−3501.645					
Wald chi^2	55.070					
Prob > chi^2	0.000					
观测数	8700					

6.7.3　控制公司层面固定效应

　　虽然本书的回归模型已经控制了很多影响因素，但仍然可能存在遗漏变量的问题。因此，本书使用固定效应模型来重新考察终极控制权对公司违规的影响。固定效应模型可以帮助消除随时间不变的不可观测变量的效应，缓解遗漏变量的问题。因变量公司违规属于虚拟变量，因此本书采用面板二值选择模型进行实证检验，进一步通过 Hausman 检验，本书选择采用固定效应（$P < 0.01$）。终极控制权与公司违规行为的固定效应 Logit 回归模型估计结果如表6-19所示。研究结果显示，终极控制权与公司违规行为显著负相关（−0.432，$p = 0.089$），这进一步证实了本书的假设 H1。

表 6 – 19　　稳健性检验Ⅲ：控制公司层面固定效应（2013 ~ 2018 年）

变量名称	公司违规行为		
	回归系数	Z 统计量	p 值
终极控制权	− 0.432	− 1.700	0.089
董事会规模	− 0.073	− 1.500	0.133
独立董事比例	0.026	0.020	0.983
机构投资者持股	0.361	1.600	0.110
法律监管环境	0.057	2.070	0.038
公司曾经是否违规	− 1.574	− 11.530	0.000
行业违规公司占比	4.825	4.270	0.000
股票日收益波动率	20.768	3.930	0.000
换手率	− 0.044	− 3.060	0.002
产权性质	− 0.231	− 0.770	0.440
公司规模	− 0.186	− 1.830	0.067
股票年收益率	− 0.255	− 2.830	0.005
托宾 Q 值	0.032	1.060	0.289
营业收入增长率	− 0.063	− 1.240	0.217
资产负债率	0.891	2.540	0.011
Log likelihood	− 1490.419		
LR chi^2	227.760		
Prob > chi^2	0.000		
观测数	4345		

6.7.4　改变变量的测量方法

6.7.4.1　改变公司违规行为的测量方法

由于变量的测量方法也会影响实证结果的可靠性，因此，本书设置了公司违规次数变量，即公司在当年被披露发生违规行为的总次数，用于检验终极控制权与公司违规次数的关系。

被解释变量企业违规次数是非负整数，因此通常采用泊松回归和负二项回归进行估计。泊松回归假设均等分散，即要求方差和期望必须相等，如果存在过度分散，则可以考虑负二项回归，为了结论的稳健性，本书同时使用了泊松回归估计和负二项回归估计，结果如表6-20所示。研究结果显示，不论是使用泊松回归估计还是使用负二项回归估计，终极控制权均与公司违规次数显著负相关（-0.475，p=0.000；-0.460，p=0.000），这说明终极控制权越大，公司违规次数越少，进一步证实了本书的假设 H1，即终极控制权的集中可以抑制公司违规行为。

表6-20 稳健性检验Ⅳ：改变公司违规行为的测量方法（2013~2018年）

变量名称	公司违规次数					
	泊松回归			负二项回归		
	回归系数	Z统计量	p值	回归系数	Z统计量	p值
终极控制权	-0.475	-4.770	0.000	-0.460	-4.580	0.000
董事会规模	-0.031	-1.650	0.099	-0.023	-1.240	0.216
独立董事比例	-0.046	-0.080	0.940	0.058	0.100	0.923
机构投资者持股	-0.601	-3.670	0.000	-0.552	-3.590	0.000
法律监管环境	-0.020	-2.870	0.004	-0.020	-2.970	0.003
公司曾经是否违规	0.456	7.120	0.000	0.445	6.900	0.000
行业违规公司占比	5.748	8.190	0.000	6.434	8.630	0.000
股票日收益波动率	15.068	2.850	0.004	15.879	3.040	0.002
换手率	0.006	0.560	0.579	0.007	0.590	0.555
产权性质	-0.254	-3.970	0.000	-0.250	-3.880	0.000
公司规模	-0.107	-3.620	0.000	-0.113	-3.870	0.000
股票年收益率	-0.328	-3.840	0.000	-0.322	-3.870	0.000
托宾Q值	0.027	1.680	0.092	0.030	1.930	0.053

续表

变量名称	公司违规次数					
	泊松回归			负二项回归		
	回归系数	Z 统计量	p 值	回归系数	Z 统计量	p 值
营业收入增长率	−0.017	−0.380	0.707	−0.006	−0.130	0.898
资产负债率	1.299	8.530	0.000	1.306	8.760	0.000
截距项	−1.071	−1.400	0.160	−1.197	−1.580	0.114
年度固定效应	控制			控制		
行业固定效应	控制			控制		
Log likelihood	−4757.912			−4546.989		
Wald chi^2	479.350			470.020		
Prob > chi^2	0.000			0.000		
Pseudo R^2	0.069			0.048		
观测数	8700			8700		

6.7.4.2 大股东控制权与公司违规

基于前述理论分析，公司的违规行为显然首先与以控制性股东为主导的股权结构存在明确的因果关系（何杰和王果，2013），以往的很多研究也都主要集中在第一大股东持股比例对公司违规的影响上。例如，陈国进和林辉等（2005）发现第一大股东持股比例与上市公司违规概率显著负相关；唐跃军（2007）发现第一大股东持股比例与上市公司违规行为被查处的可能性显著负相关。因此，在这一部分，本书将考察第一大股东控制权与公司违规行为的关系。由于企业的行为是由控制权而不是由持股比例直接驱动的，而大股东的控制权与其持股比例并不是简单的线性正相关，大股东的控制权并非完全依据其自身持股比例，还受到其他股东持股比例的影响，因此本书仍然基于夏普利权力指数方法测量第一大股东的实际控制权（王敏和何杰，

2020），然后进一步探讨其与公司违规行为的关系。表 6-21 是第一大股东实际控制权与公司违规行为的 Logit 回归结果。研究结果显示，第一大股东实际控制权与公司违规行为显著负相关（-0.590，p=0.000），即第一大股东控制权越大，公司违规的可能性越小，这说明不论是第一大股东控制权的集中还是终极控制权的集中均可以抑制公司违规行为，进一步证明本书的假设 H1，控制权的集中确实可以抑制公司违规行为。

表 6-21　　　　　稳健性检验 V：第一大股东实际控制权对
公司违规行为的影响（2013～2018 年）

变量名称	公司违规行为		
	回归系数	Z 统计量	p 值
第一大股东控制权	-0.590	-4.880	0.000
董事会规模	-0.020	-1.020	0.305
独立董事比例	-0.556	-0.870	0.387
机构投资者持股	-0.589	-3.550	0.000
法律监管环境	-0.020	-2.860	0.004
公司曾经是否违规	0.443	6.520	0.000
行业违规公司占比	6.879	8.130	0.000
股票日收益波动率	17.268	2.870	0.004
换手率	0.008	0.680	0.497
产权性质	-0.277	-4.060	0.000
公司规模	-0.116	-3.600	0.000
股票年收益率	-0.253	-2.700	0.007
托宾 Q 值	0.022	1.350	0.177
营业收入增长率	-0.052	-1.070	0.285
资产负债率	1.245	7.520	0.000
截距项	-0.747	-0.920	0.359
年度固定效应	控制		

续表

变量名称	公司违规行为		
	回归系数	Z 统计量	p 值
行业固定效应	控制		
Log likelihood	-3488.123		
Wald chi^2	399.140		
Prob > chi^2	0.000		
Pseudo R^2	0.058		
观测数	8700		

6.8 本 章 小 结

本章根据委托代理理论，利用 2013～2018 年中国主板市场上市公司的数据，实证检验了终极控制权与公司违规行为的关系，以及公司内外部治理机制对两者关系的调节作用。

6.1 节对变量进行了描述性统计分析，以评估数据的质量及分布状态。从上市公司终极控制权统计分析可以看出，中国上市公司终极控制权呈现明显的"集中"分布状态。从总样本变量描述性统计分析可以看出变量的整体分布状态，变量的均值、标准差、最小值、最大值和中位数都在合理的范围内。从分组样本变量描述性统计及分组 T 检验可以看出，违规公司和未违规公司在终极控制权、公司治理机制及公司特征等方面存在显著的差异。

6.2 节对变量进行了相关性分析。结果显示，公司是否发生违规行为与终极控制权、公司内外部治理机制及大多数控制变量均显著相关。另外，各变量间的相关系数较低，说明不需要考虑多重共线性的问题。

6.3～6.6 节是实证检验的核心内容，通过 9 个模型的回归分析，对本书的8个研究假设进行了验证；6.3节是终极控制权与公司违规的实证结果分析。实证结果显示，终极控制权与公司违规行为之间呈现显著的负相关关系，即终极控制权越大，公司违规的可能性就越小，终极控制权的集中可以抑制公司违规行为。6.4节是终极控制权与公司违规的进一步分析。实证结果显示，终极控制权对不同主体、不同类型、不同严重程度的公司违规行为均具有抑制作用。6.5节是公司内部治理机制在终极控制权影响公司违规中的调节效应检验。具体包括：董事会规模的调节效应检验、独立董事比例的调节效应检验、监事会规模的调节效应检验和管理层持股的调节效应检验。实证结果显示，公司内部治理机制的完善能够弱化终极控制权对公司违规的抑制作用，但限于存在的一些问题，某些内部治理指标的调节作用没有达到统计上的显著性。6.6节是公司外部治理机制在终极控制权影响公司违规中的调节效应检验。具体包括：分析师关注度的调节效应检验、是否聘请高质量审计师的调节效应检验和产品市场竞争程度的调节效应检验。实证结果显示，公司外部治理机制的完善也能够弱化终极控制权对公司违规的抑制作用，但限于存在的一些问题，某些外部治理指标的调节作用没有达到统计上的显著性。

6.7节是一系列主效应的稳健性检验。主要包括：①为缓解可能的样本选择偏差（违规观测值占比过低）和自选择偏差导致的内生性问题，本书采用倾向得分匹配法（PSM），为违规公司匹配样本，然后基于匹配样本，重新检验主效应，结果与之前一致。②为了解决公司违规数据的部分可观测性问题，本书使用部分可观测Bivariate Probit模型，来研究终极控制权与潜变量公司违规倾向和违规稽查的关系，结果进一步证实了本研究的结论。③尽管本书的回归模型已经控制了很多影响因素，但仍然可能存在遗漏变量的问题，因此本研究使用固定效应模型重新进行主检验，结果与之前一致。④改变变量的测量方法。首先，改变因变量公司违规度量方法，采用违规次数衡量公司违规行为。然后，以第一大股东控制权为自变量，考察其与公司违规行为的关系，结果均进一步支持了本书的结论。

7 结论与讨论

7.1 研究结论

本书以政治学政治博弈视角下的夏普利权力指数方法为基础,重新测量中国上市公司的终极控制权,在此基础上,从终极控制人的角度,根据委托代理理论,考察终极控制权与公司违规行为的关系,以及公司内外部治理机制对两者关系的调节作用。本研究利用2013~2018年中国主板市场上市公司的数据,得出如下基本结论:

(1)终极控制权与公司违规行为之间呈现显著的负相关关系,也就是说终极控制权越大,公司违规的可能性就越小,终极控制权的集中可以抑制公司违规行为。在中国当前证券市场体系建设相对滞后，金融市场监管和投资者法律保护有待完善，公司治理结构也尚不合理的环境下，终极控制权的集中不仅能够提高企业的决策效率，而且使终极所有人有更大的动机和能力监督公司，避免公司违规行为的发生，以使公司长期价值最大化。

（2）进一步，本书考察了终极控制权对具体的公司违规特征的影响，发现终极控制权对不同主体、不同类型、不同严重程度的公司违规行为均具有抑制作用，具体表现为：①终极控制权与公司管理层违规显著负相关，即终极控制权越大，管理层实施违规行为的概率就越小；终极控制权与公司股东违规显著负相关，即终极控制权越大，股东实施违规行为的概率也越小。这说明不论是公司管理层违规还是股东违规，终极控制权均可以发挥抑制作用。正如前述理论分析所述，终极控制人才是上市公司真正的决策主体，终极控制人控制着第一大股东的行为，进而影响公司管理层和其他股东的行为。终极控制权越大，终极所有者就越有能力和动机监督约束管理者和其他股东的违规行为，降低其违规的可能性。②终极控制权与公司信息披露违规显著负相关，即终极控制权越大，公司发生信息披露违规的可能性越小；终极控制权与公司经营违规显著负相关，即终极控制权越大，公司发生经营违规的可能性也越小；终极控制权与公司内部监控不规范显著负相关，即终极控制权越大，公司内部监控不规范的可能性也越小。这说明对于不同类型的公司违规，终极控制权均可以发挥抑制作用。③终极控制权与公司一般违规显著负相关，即终极控制权越大，公司发生一般违规的可能性越小；终极控制权与公司严重违规显著负相关，即终极控制权越大，公司发生严重违规的可能性也越小。这说明终极控制权对不同程度的公司违规行为均有较强的抑制作用。

（3）公司内部治理机制对终极控制权与公司违规行为之间的关系具有一定的弱化作用，即随着公司内部治理机制的完善，终极控制权对公司违规行为的抑制作用减弱，具体表现为：①终极控制权与董事会规模的交互项与公司违规显著正相关，这表明董事会规模对终极控制权与公司违规行为之间的"抑制"关系具有显著的弱化作用，即随着董事会规模的扩大，终极控制权对公司违规的抑制作用减弱。②终极控制权与独立董事比例的交互项对公司违规的影响为正，不过遗憾的是，并没有达到统计上的显著，这主要与当前不完善的独立董事制度有关。③终极控制权与监事会规模的交互项对公司违规的影响为正，虽然统计上并不显著，但 Z 统计量较大，这表明监事会规模对终极控制权与公司违规行为之间的"抑制"关系产生一定的弱化作用，但由于当前不完善的监事会制度，这种调节作用并不显著。④终极控制权与管理层持股的交互项对公司违规的影响为正，不过统计上并不显著，但 Z 统计量较大，这表明管理层持股对终极控制权与公司违规行为之间的"抑制"关系产生一定的弱化作用，但由于当前不完善的管理层股权薪酬机制，使本书没有观测到管理层持股在统计意义上显著的调节作用。

（4）公司外部治理机制对终极控制权与公司违规行为之间的关系具有一定的弱化作用，即随着公司外部治理机制的完善，终极控制权对公司违规行为的抑制作用减弱，具体表现为：①终极控制权与分析师关注度的交互项对公司违规的影响为正，遗憾的是这种调节没有达到统计上的显著性，但 Z 统计量较大。进一步，本书使用研报关注度作为分析师关注度的替代变量，发现终极控制权与研报关注度的交互项与公司违规行为显著正相关，这说明研报关注度能够显著地弱化终极控制权与公司违规行为之间的"抑制"关系，即随着研报关注度的增加，终极控制权对公司违规行为的抑制作用减弱。②在"没有聘请高质量审计师"样本组，终极控制权与公司违规行为之间显著负相关，而在"聘请高质量审计师"样本组，终极控制权与公司违规行为之间不具有显著的关系，这说明公司聘请高质量审计师后，终极控制权对公司违规行为的抑制作用减弱。③终极控制权与产品市场竞争程度（本书使用赫芬达尔指数衡量产品市场竞争程度，这是一个负向指标，数值越小，表示产品市场竞争程度越激烈）的交互项对公司违规的影响为负，虽然没有达到统计意义上的显著性，但 Z 统计量较高，这在一定程度上说明产品市场竞争程度对终极控制权与公司违规行为之间的"抑制"关系产生了一定的弱化作用，但由于当前市场体系尚不健全等诸多问题，使本书没有观测到产品竞争市场在统计意义上显著的调节作用。

（5）最后，为了增强前文主效应检验的可靠性，本书进行了一系列的稳健性检验。①为缓解可能的样本选择偏差（违规观测值占比过低）和自选择偏差导致的内生性问题，本书采用倾向得分匹配法（PSM），为违规公司匹配样本，然后基于匹配样本，重新检验主效应，发现终极控制权与公司违规行为之间存在显著的负相关关系，即终极控制权越大，公司违规的可能性越小，结果与之前一致。②为了解决公司违规数据的部分可观测性问题，本书使用部分可观测模型（bivariate probit model），考察终极控制权与潜变量违规倾向和违规稽查的关系，发现终极控制权与公司违规倾向显著负相关，与违规稽查显著正相关，这说明终极控制权越大，公司违规倾向越低，其违规行为被稽查出的可能性越大，进一步证实了本书的结论。③尽管本书的回归模型已经控制了很多影响因素，但仍然可能存在遗漏变量的问题，因此本书使用固定效应模型重新进行主检验，发现终极控制权与公司违规行为显著负相关，这说明终极控制权越大，公司违规的可能性越小，结果与之前一致。④改变变量的测量方法。首先，改变因变量公司违规度量方法，采用违规次数衡量公司违规行为，发现终极控制权与公司违规次数显著负相关，即终极控制权越大，公司违规次数越少，进一步证实了本书的结论；然后，以第一大股东控制权为自变量，考察其与公司违规行为的关系，发现第一大股东实际控制权与公司违规行为显著负相关，即第一大股东控制权越大，公司违规的可能性越小，这说明不论是第一大股东控制权的集中还是终极控制权的集中均可以抑制公司违规行为，进一步支持了本书的结论。

7.2 管理及政策建议

自1990年中国证券市场正式建立以来，中国资本市场迅速发展，上市公司数量不断地增加，但上市公司违规行为也从未中断，且违规的频率和严重程度也在不断增加，这严重扰乱了市场秩序，损害了投资者的利益。因此，对上市公司违规行为的防范治理迫在眉睫。本书基于委托代理理论，从终极控制人的角度出发，探讨了终极控制权对公司违规行为的影响，以及公司内外部治理机制对两者关系的调节效应，这对公司违规行为的防范、股权结构的改革及公司内外部治理机制的设计提供了有益的启示，具有一定的现实指导意义，具体主要表现在以下几个方面：

7.2.1 公司违规行为的防范

本书对中国上市公司股权结构及违规行为的分析，对终极控制权与公司违规行为关系的分析，以及对公司内外部治理机制调节作用的分析，有助于为市场监管者制定相应政策提供更多的参考和依据。

7.2.2 股权结构的改革

本书对终极控制权与公司违规行为关系的分析，可以为我国上市公司如何构建股权结构提供一定的参考。在中国当前相对落后的治理环境下，终极控制权的集中可以弥补治理机制的不足，发挥有效的监督治理作用，因此中国上市公司股权结构的改革不是一蹴而就的，而应该是一个循序渐进的过程，一个随着治理环境的完善，逐步调整的过程（计小青和曹啸，2008）。为此，我们需要理性思考中国上市公司看似不合理的股权结构背后所隐含的合理之处，形成关于该问题的科学认识，谨慎地制定股权结构改革措施（甄红线等，2015）。

7.2.3 公司内外部治理机制的设计

通过对公司内外部治理机制调节作用的分析，为我国公司治理机制的完善与改进提供了依据。科学规范有效的内外部治理机制不仅有利于抑制公司违规行为，而且能够促使公司改善股权结构。但是目前我国公司治理机制方面仍然存在一些问题，需要进一步地改进和完善。

7.2.3.1 公司内部治理机制方面

（1）继续加强董事会建设。董事会在内部监督治理机制中居于核心地位，因此加强董事会的建设对于解决代理问题至关重要。现有研究普遍认为，董事会规模能够显著影响董事会的有效性，适当扩大董事会规模，不仅可以吸引各方面人才，提高董事会决策质量和监督能力，并且也有利于各方利益相互制衡。姜付秀等（2009）认为现阶段董事会规模的扩大有利于完善公司治理结构，但规模最好定在 10 人左右。然而根据描述性分析，我国董事会整体上还没有达到最佳规模，因此现阶段我国部分公司仍然需要继续吸收专业人才进入董事会，为董事会决策提供智力支持，提高董事会的监督能力。

（2）提升独立董事的监督治理效应。独立董事因其特殊性在公司治理中发挥着重要的作用。首先，独立董事只担任董事会成员的职务，因此比内部董事更客观、更独立。其次，独立董事大多是来自某个领域的专家，因此往往比内部董事具有更专业的知识、经验和技能。另外，独立董事为了维护声誉，也会尽力履行监督职责。现阶段我国已经对公司董事会中独立董事人数和比例作出了强制性的法规要求，但仍然存在很多问题。为了使独立董事发挥有效的监督治理作用，需要进一步完善独立董事制度：首先，独立董事应该"独立"，因此需要建立严格的选拔任职制度，而非靠"关系资源"产生；其次，建立完善的独立董事问责机制，提高独立董事的风险意识和责任感；最后，完善独立董事薪酬机制和提升薪酬水平，激发独立董事努力工作的热情。

（3）继续完善监事会建设，并提高重视程度。监事会属于我国公司治理机制的重要组成部分，其在公司监督治理方面发挥着不可替代的作用（李维安，2006）。一个正常运作的监事会应该能够遏制董事和高层管理人员的不当行为，帮助控制风险，保护股东特别是中小股东的利益。然而众多研究表明监事会在监督治理方面发挥的作用有限，监事会在运作上存在多方面的问题。为此，应该继续加强上市公司对监事会的重视，扩大监事会队伍建设，吸收不同的专业人才，提高监事会决策质量和监督能力；制定关于监事会会议的有关规定，加强监事会成员之间的交流；健全监事会激励机制及约束机制，提高监事会积极履行职责的动力；完善并改进监事的选拔机制，提高监事会的独立性，使其不再受控于大股东；拓宽监督信息来源和制约手段，提高监督水平。

（4）建立完善的薪酬激励机制。公司内部治理的完善不仅需要行之有效的监督机制，还需要建立完善的激励机制，以调动代理人努力工作的积极性。目前我国对管理者的薪酬激励机制主要有两种，一是基本工资和年度奖金等传统薪酬，二是股权长期激励性报酬。众多研究表明基于股权的薪酬能更好地调动高管努力工作的积极性，协调高管与股东的利益一致性，减少高管的机会主义败德行为，缓解委托人与代理人之间的代理问题。管理层持股越高，其剩余索取权与控制权就越匹配，那么其保护公司剩余收益的动机就越强。但通过前文描述性统计分析（见表6-2），本书发现至少有一半的中国上市公司其管理层没有持股，并且管理层整体持股水平仍然较低。为此，首先需要提高管理层持股水平，使其利益与股东利益保持一致，才能有效减少其机会主义败德行为。其次，需要继续完善薪酬机制，使其与公司业绩挂钩，提高管理层努力工作的动力。

7.2.3.2　公司外部治理机制方面

（1）继续发挥分析师的外部治理作用。分析师能够充当外部监督者的角色，主要是因为：①相比普通投资者，分析师拥有更多的专业知识和经验，并且他们对上市公司的追踪是长期的持续的，因此他们更容易提早识别出公司存在的异常情况，提供早期预警；②分析师报告面对的受众具有广泛性，因此不易受单一利益集团的控制。但是部分研究发现，分析师作为信息中介的角色与聘用他们的经纪公司的动机之间可能存在利益冲突，因此分析师可能会为了雇主券商的主要客户免受股价下跌带来的利益损失而发表有偏见的预测，这将降低他们提供给投资者的信息的质量，并从本质上损害他们作为外部监督的功能。因此，为了充分发挥分析师的外部监督治理作用，首先，监管部门应该加强对证券分析师的监督，以防止分析师与上市公司合谋，发布有偏见的预测，损害投资者的利益；其次，建立严厉惩罚机制，提高分析师隐瞒上市公司违规事实付出的代价；最后，目前的分析师评价体系过于单一，主要按分析师推荐的股票涨幅情况进行排名，分析师基于个人职业生涯的考虑，可能会隐瞒公司违规事实，以免公司违规行为曝光而造成公司股票下跌，为此在构建分析师评价体系时可以考虑将其揭露公司违规的贡献作为重要衡量指标，以完善分析师评价体系。

（2）继续发挥审计师的外部治理作用。根据现有研究，本书发现高质量的审计师为了避免政府处罚和声誉受损，将会运用自己的专业知识进行严格的审计监督。为此，需要继续加强对审计师专业能力和执业质量的培养，提高其识别发现公司财务问题的能力；加强对审计机构和人员渎职的处罚力度，提高其渎职付出的代价，对不合格的审计公司进行罚款、训诫、暂停审计工作、吊销营业执照等多种处罚，对持有上市公司审计许可证的审计人员，加强监督和处罚；加强审计师声誉机制的建设，高质量审计师为了维护自己的声誉，会尽职监督，提高审计监督质量。

（3）加强产品市场的有效竞争。在市场经济下，产品市场的有效竞争不仅可以优化资源配置提高经济效率，而且还可以发挥外部监督治理的作用（徐成龙，2021）。但是过度的竞争也会造成负面效果，例如，在面对激烈的市场竞争时，公司争夺市场和资源的压力过大，有可能导致公司选择违规行为来降低成本，这样就会导致恶性竞争。因此，需要继续健全市场体系，引导产品市场有效竞争，促进市场充分发育，同时处理好政府与市场的关系：一方面充分运用政府这只看得见的手，加强对企业恶性竞争的整治；另一方面，公司需改善自身经营管理提高竞争能力，努力通过技术创新降低成本获得竞争优势，以免在激烈的市场竞争中被淘汰。

7.3 研究不足与展望

虽然本书致力于探讨基于夏普利权力指数方法测量的终极控制权对公司违规行为的影响，以及公司内外部治理机制对两者关系的调节效应。但由于数据的可获得性等问题，本研究仍然存在一定的局限性，需要在未来的研究中进一步完善和扩充。

（1）在终极控制权的数据方面：由于数据的可得性，本书仅收集了2013～2018年的终极控制权数据，这使本研究只能利用2013～2018年的数据来探讨终极控制权与公司违规的关系，但随着时间的推移，将获得更多年份的终极控制权数据，然后将本书的研究放在更大样本下继续进行，这样所得出的结论的说服力将更强。另外，由于数据的可得性，在计算终极控制权时，本书仅涉及了公司金字塔型控制结构中的两个层级。但通过数据分析，本书发现处于第二控制层级的公司，其第一大股东实际控制权等于 1 的比例超过 90%（见表 6-1），并且处于第三控制层级公司的所有权结构应该更加集中。因此，本书认为在两个控制层级展开的研究应该能够保证结论的基本稳健性。此外，由于股东关系数据在任何数据库中均不可得，因此本书没有考虑一致行动人的问题。这些问题可以在以后的研究中解决，以进一步验证本书的研究结论。

（2）本书将公司违规按实施主体分为管理层违规和股东违规，并且发现终极控制权越大，终极所有者就越有能力和动机约束管理者的行为，从而减少管理层违规，这实证检验了终极控制权的集中可以降低股东与经营层之间的第一类委托代理问题。关于股东违规，显然既包括终极控制人控制的第一大股东违规，也包括其他股东的违规，但是从数量上来说，其他股东的数量远远超过第一大股东的数量，所以"股东违规"实际上更大程度测量的是其他股东的违规，因此本书发现终极控制权的集中有利于抑制股东违规。但如果将股东违规划分为第一大股东违规和其他股东违规，将会更好地反映终极控制权对这两者的不同影响，但遗憾的是由于数据的可获得性，本研究无法进行详细的区分。鉴于此，在未来的研究中有必要对股东违规进行区分，分别研究终极控制权对第一大股东违规和其他股东违规的影响，进一步验证终极控制权的集中对大股东与小股东之间的第二类委托代理问题的影响。

附　　录

1　股东控制权竞争的制胜规则与博弈参与人的确立

股东控制权的行使主要体现在公司股东大会及董事会层面，但董事的提名与选举却决定于股东大会，且就议事机制而言，董事会采用一人一票机制，而股东大会的投票机制则基于股东持股比例的表决权。因此将公司股东大会作为股东控制权测度及分析的博弈空间，应是恰当的选择。

1.1　制胜规则

各公司章程均规定：公司一般事项、重大事项分别需经参会股东所持股份表决权的 1/2、2/3 以上同意而通过。但是经过仔细甄别，我们发现，

"一般事项"在事实上已经涵盖了公司运作的绝大多数核心决策事务及其基本程序，其中包括公司董事会成员的选举这一对公司运作而言最为关键的事项。

董事会作为公司最高决策机构，其决策机制遵循一人一票、简单多数（总数的1/2）获胜的基本原则。因此，保证其代理人在董事会中占据更多（特别是超过半数）的席位，将是大股东获取其控制权的最为关键的途径。经查阅各公司章程，发现其股东大会议事规则均明确规定：董事候选人由股东或前任董事提名，经参会股东所持股份表决权的1/2以上同意而当选。因此，本书以1/2获胜为股东博弈的制胜准则。

1.2 博弈参与人

确定合作博弈的参与人（players），是股东夏普利权力指数（SPI）计算的关键技术前提，其确立不仅应基于明晰的理论逻辑，而且更应具有确定的现实依据。股东大会是公司股东行使其控制权的基本法定程序，但通过公开的有关股东大会的数据资料，仅能查知所有参会股东的总体持股比例，而无法逐一确定各参会股东及其具体持股信息的明细。基于此，本书以"当年度股东大会（年度及临时）参会股东持股比例之和的均值"与"当年度前十大股东持股比例（年底）之和"相比较，以描述当年度公司股东对股东大会的参与及行使其控制权的实际状况，结果如表1所示。

表1 "股东大会（年度及临时）参会股东持股比例之和的均值"与
"当年度前十大股东持股比例之和"之比的分布状况（2000～2018年）

年度	不同数值公司占公司总数的比例（%）		均值	方差	公司总数（家）
	>1	≥1.1			
2000	8.64	2.33	0.95	0.017	1030
2001	7.99	2.28	0.94	0.012	1139

年度	不同数值公司占公司总数的比例（%）		均值	方差	公司总数（家）
	>1	≥1.1			
2002	6.53	2.81	0.93	0.012	1210
2003	7.50	2.53	0.93	0.015	1266
2004	7.32	1.66	0.92	0.013	1326
2005	18.18	9.70	0.92	0.029	1155
2006	49.26	23.42	1.00	0.027	1281
2007	11.33	4.01	0.90	0.020	1297
2008	7.33	3.04	0.88	0.018	1283
2009	6.86	2.18	0.87	0.019	1282
2010	6.93	2.08	0.87	0.020	1299
2011	4.87	2.07	0.87	0.020	1354
2012	6.12	2.14	0.87	0.018	1357
2013	6.24	1.98	0.87	0.019	1363
2014	8.17	2.68	0.88	0.021	1383
2015	5.49	1.53	0.85	0.020	1438
2016	6.22	1.90	0.85	0.020	1575
2017	6.41	1.89	0.85	0.022	1745
2018	5.08	1.62	0.85	0.020	1790

由表1可知，除2005年、2006年、2007年以外，90%以上的公司，其参会股东持股比例之和均不高于前十大股东持股比例之和，且二者之比的均值接近于1.0（介于0.85～1.00之间）。

众所周知，2005～2007年，正是中国证券市场股权分置改革集中进行的时期。流通股与非流通股的分别设置是中国证券市场基于历史缘由而留存的特殊现象，非流通股股东放弃所持股权不予流通的承诺，将一致性地严重影响所有流通股股东的直接权益，因而为保护流通股股东的权益，中国证监会就此特别规定："公司股权分置改革动议，原则上应由全体非流通股股东一致同意提出；未能达成一致意见的，可由单独或合并持有公司 2/3 以上非流通股份的股东提出"（中国证券监督管理委员会，《上市公司股权分置改革管理办法》第 5 条，2005）。"相关股东会议投票表决改革方案，须经参加表决的股东所持表决权的 2/3 以上通过，并经参加表决的流通股股东所持表决权的 2/3 以上通过"（中国证券监督管理委员会，《上市公司股权分置改革管理办法》第 16 条，2005）。上述临时性的强制规定，尤其是其后一条赋予了流通股股东以超越非流通股股东的特别权力，在特殊的利益事件中，以不同寻常的特殊方式，激发了流通股股东参与的积极性，使其在公司股东大会中的参与度异常提高。如在相应年份剔除与股改议案相关的股东大会的数据，重复表 1 的分析，其结果如表 2 所示。

表2　"股东大会（年度及临时）参会股东持股比例之和的均值"与
"当年度前十大股东持股比例之和"之比的分布状况（2000～2018 年）

年度	不同数值公司占公司总数的比例（%）		均值	方差	公司总数（家）
	>1	≥1.1			
2000	8.64	2.33	0.95	0.017	1030
2001	7.99	2.28	0.94	0.012	1139
2002	6.53	2.81	0.93	0.012	1210
2003	7.50	2.53	0.93	0.015	1266
2004	7.32	1.66	0.92	0.013	1326
2005	7.36	3.15	0.89	0.021	1142
2006	11.95	3.03	0.89	0.018	1255
2007	8.57	2.70	0.89	0.018	1295
2008	6.41	2.74	0.88	0.018	1279
2009	6.48	2.11	0.87	0.018	1280
2010	6.77	1.92	0.87	0.019	1299

年度	不同数值公司占公司总数的比例（％）		均值	方差	公司总数（家）
	＞1	≥1.1			
2011	4.87	2.07	0.87	0.020	1354
2012	6.04	2.14	0.87	0.018	1357
2013	6.16	1.98	0.87	0.018	1363
2014	8.10	2.60	0.88	0.021	1383
2015	5.49	1.53	0.85	0.020	1438
2016	6.22	1.90	0.85	0.020	1575
2017	6.41	1.89	0.85	0.022	1745
2018	5.08	1.62	0.85	0.020	1790

注：剔除 2005～2007 年与股改议案相关的股东大会的数据。

可见在几乎所有年份，90％以上的公司，其股东大会参会股东持股比例之和均不高于前十大股东持股比例之和，且二者之比的均值接近于 1.0（介于 0.85～0.95 之间）。由此，可以推知，在绝大多数正常情况下，股东大会的参会股东一般均限于其前十大股东。

进一步，本书发现，在 1992～2018 年的每一年度第一大股东持股比例与第十大股东持股比例之比的均值均高于 119，且二者之比大于 20 的比例几乎均高于 90％，如表 3 所示。

表 3　　　　　　　　第一大股东持股比例与第十大股东持股

比例之比的基本情况（1992～2018 年）

年度	第一大股东持股比例与第十大股东持股比例之比					公司总数（家）
	均值	方差	最小值	最大值	＞20 的比例（％）	
1992	125.87	11141.94	22.44	347.55	100.00	13
1993	249.21	172618.30	2.16	3378.95	81.76	148

续表

年度	第一大股东持股比例与第十大股东持股比例之比					公司总数（家）
	均值	方差	最小值	最大值	>20 的比例（%）	
1994	293.56	266832.00	2.08	4460.00	87.00	200
1995	204.88	184325.30	2.08	4460.00	87.24	243
1996	235.84	465599.20	3.33	14050.00	92.07	517
1997	331.10	345219.40	3.00	11708.33	94.66	731
1998	474.25	7885242.00	3.88	70821.00	94.87	839
1999	372.42	1673172.00	4.25	36665.00	94.15	940
2000	384.88	352398.50	2.12	8384.00	95.48	1084
2001	466.20	1701049.00	2.12	33600.00	96.30	1162
2002	356.61	198430.70	2.12	6261.00	95.85	1230
2003	379.29	219769.00	2.26	6326.00	95.97	1290
2004	348.38	177047.80	2.76	4242.50	95.62	1347
2005	268.95	90575.75	2.76	2411.33	95.30	1340
2006	181.31	215823.00	2.60	14556.25	92.18	1342
2007	157.71	64911.96	1.78	6163.57	90.49	1357
2008	172.94	97022.25	1.91	8642.00	91.80	1353
2009	149.66	58017.87	2.30	6157.14	90.89	1361
2010	155.48	57092.62	3.10	4788.89	90.01	1382
2011	157.72	62479.58	2.95	6167.86	90.75	1416
2012	158.81	69971.35	3.01	6167.86	91.39	1440
2013	165.16	95688.98	2.02	8635.00	91.53	1440
2014	162.97	152489.60	1.88	10793.75	90.72	1476
2015	138.15	184470.30	2.21	14391.67	88.37	1565
2016	133.16	165745.14	2.32	12287.14	85.27	1656
2017	198.89	8763214.27	2.40	127500.00	84.55	1871
2018	119.57	31346.18	2.36	2452.00	85.32	1921

由此不难推测，即使公司第十一及其后的股东参与控制权的争夺，也难以对第一大股东的控制权大小产生实质性的影响。因此，本书拟以前十大股东作为一般意义上公司控制权竞争的博弈参与人，不仅具有明确的理论逻辑，而且具有符合中国资本市场具体情景的现实合理性。

2　上市公司水平控制层面的控制权

2.1　第一大股东实际控制权的现实分布

依据前文分析，本书以前十大股东为公司控制权竞争的博弈参与人，以表决权的 1/2 为获胜准则，计算上市公司第一大股东的夏普利权力指数（SPI）（见表4）。

表4　　第一大股东控制权（SPI）的数值分布（1992~2018 年）

年度	第一大股东控制权（SPI）的数值分布（%）										公司总数（家）
	[0, 0.2)	[0.2, 0.3)	[0.3, 0.4)	[0.4, 0.5)	[0.5, 0.6)	[0.6, 0.7)	[0.7, 0.8)	[0.8, 0.9)	[0.9, 1)	1	
1992	0.00	7.69	15.38	7.69	0.00	7.69	0.00	0.00	0.00	61.54	13
1993	3.38	9.46	8.11	3.38	0.68	2.70	0.68	0.00	0.00	71.62	148
1994	1.50	5.50	7.50	4.00	2.00	2.00	1.00	1.50	0.00	75.00	200
1995	1.23	4.53	8.64	2.88	3.70	0.82	1.65	2.06	0.00	74.49	243
1996	0.00	3.09	6.19	3.87	4.26	2.32	0.39	1.16	0.00	78.72	517
1997	0.14	2.60	6.43	3.28	3.56	2.74	0.96	0.96	0.00	79.34	731
1998	0.00	1.91	7.03	2.74	3.69	2.62	1.55	0.95	0.00	79.50	839
1999	0.11	2.13	6.91	3.30	3.72	2.66	1.91	0.96	0.00	78.30	940
2000	0.09	1.94	8.21	3.04	2.58	3.32	1.48	1.20	0.00	78.14	1084

续表

年度	第一大股东控制权（SPI）的数值分布（%）										公司总数（家）
	[0, 0.2)	[0.2, 0.3)	[0.3, 0.4)	[0.4, 0.5)	[0.5, 0.6)	[0.6, 0.7)	[0.7, 0.8)	[0.8, 0.9)	[0.9, 1)	1	
2001	0.09	1.46	9.21	2.75	3.44	2.67	1.20	1.64	0.00	77.54	1162
2002	0.16	1.71	9.02	3.09	3.90	2.68	1.46	1.22	0.00	76.75	1230
2003	0.31	1.78	9.30	3.33	5.35	2.87	1.55	1.24	0.00	74.26	1290
2004	0.30	1.71	9.43	3.79	5.79	3.41	1.11	1.56	0.00	72.90	1347
2005	0.30	1.49	10.30	4.40	4.93	3.58	1.34	1.79	0.00	71.87	1340
2006	0.30	1.64	9.39	4.69	5.29	4.17	1.94	2.16	0.00	70.42	1342
2007	0.59	1.33	8.77	4.13	4.79	3.32	1.69	1.84	0.00	73.54	1357
2008	0.44	1.63	7.46	3.99	4.21	2.73	1.55	1.55	0.00	76.42	1353
2009	0.51	1.10	6.25	3.75	3.89	3.38	1.32	2.20	0.00	77.59	1361
2010	0.36	2.10	6.01	3.40	4.20	3.11	1.16	1.66	0.00	78.00	1382
2011	0.28	1.77	6.85	3.53	4.10	2.82	1.34	1.48	0.00	77.82	1416
2012	0.21	1.53	7.01	3.75	4.65	2.64	0.97	1.60	0.00	77.64	1440
2013	0.28	1.94	7.29	3.54	3.68	3.61	1.18	1.53	0.00	76.94	1440
2014	0.47	1.69	8.06	3.66	4.47	2.24	1.76	2.17	0.00	75.47	1476
2015	0.45	2.17	8.95	4.86	4.73	2.88	1.85	2.17	0.00	71.95	1565
2016	0.79	2.54	9.66	6.28	5.01	4.11	1.33	1.93	0.00	68.36	1656
2017	0.59	3.69	9.99	6.47	4.97	3.85	2.41	2.35	0.00	65.69	1871
2018	0.62	3.54	9.89	6.61	5.05	4.95	2.24	2.29	0.00	64.81	1921

从表4中可以看出，以2018年为例，中国上市公司第一大股东夏普利权力指数（SPI）介于 [0, 0.2) 间的公司比例为0.62%，介于 [0.2, 0.3) 间的为3.54%，介于 [0.3, 0.4) 间的为9.89%，介于 [0.4, 0.5) 间的为6.61%，介于 [0.5, 0.6) 间的为5.05%，介于 [0.6, 0.7) 间的为

4.95%，介于［0.7，0.8）间的为 2.24%，介于［0.8，0.9）间的为 2.29%，介于［0.9，1.0）区间的为 0，而等于 1.0 的公司数占公司总数的 64.81%。在第一大股东夏普利权力指数（SPI）等于 1.0 的公司以极高比例稳定存在的前提下，这一分布状况的出现，说明获取对公司的完全控制权（即 SPI 等于 1.0）应是第一大股东在公司控制权竞争中极力角逐的目标，而绝非随机形成；当然这一努力亦同时受制于其他股东的压力，所以导致部分公司仍然未能达成，这才表现为从总体来看，其夏普利权力指数（SPI）要么等于 1.0，要么远小于 1.0，而较少在 1.0 附近出现。

为进一步检验并判断上述测算结果的准确性，本书针对"当年度股东大会（年度及临时）参会股东持股比例之和的均值"大于"当年度前十大股东持股比例之和"的样本，将二者的差值作为第十一个博弈参与人的持股比例（博弈参与人数调整为 11），重新计算第一大股东的 SPI，发现此前等于 1.0 的第一大股东 SPI 减小的公司数占当年度公司总数的比例在 2000 年至 2018 年之间其最高值未超过 0.78%（见表 5）。可以推知，以前十大股东作为博弈参与人，高估第一大股东夏普利权力指数（SPI）的概率极低。这说明本书对第一大股东控制权（SPI）的测度结果应具有较高的理论合理性及现实契合度。

表 5　将"当年度股东大会（年度及临时）参会股东持股比例之和的均值"与"当年度前十大股东持股比例之和"的差值作为第十一个博弈参与人的持股比例计算的第一大股东控制权（SPI）减小的公司数占当年度公司总数的比例（2000～2018 年）

年度	第一大股东控制权（SPI）减小的公司数占当年度公司总数的比例（%）	公司总数（家）
2000	0.78	1030
2001	0.53	1139
2002	0.25	1210

年度	第一大股东控制权（SPI）减小的公司数占当年度公司总数的比例（%）	公司总数（家）
2003	0.71	1266
2004	0.23	1326
2005	0.44	1142
2006	0.72	1255
2007	0.62	1295
2008	0.78	1279
2009	0.23	1280
2010	0.38	1299
2011	0.30	1354
2012	0.29	1357
2013	0.29	1363
2014	0.29	1383
2015	0.28	1438
2016	0.38	1575
2017	0.23	1745
2018	0.11	1790

注：基于股权分置改革的特殊性，本表结果的计算已剔除 2005～2007 年与股改议案相关的股东大会数据。

为进一步寻求本书测算方式及结果的理论解释与现实合理性，本书按公司第一大股东 SPI 等于 1.0 或小于 1.0，将其拆分为两个子样本，分别观察"上市公司股东大会（年度及临时）参会股东持股比例之和的均值"与"当年度公司前十大股东持股比例之和"之比的基本情况，结果如表 6 所示。

表 6　第一大股东不同控制权（SPI）情况下，"股东大会（年度及临时）

参会股东持股比例之和的均值"与"当年度公司前十大

股东持股比例之和"之比的基本情况（2000～2018 年）

年度	"参会股东持股比例均值" / "前十大股东持股比例之和"							
	第一大股东控制权（SPI）< 1				第一大股东控制权（SPI）= 1			
	>1 的 比例（%）	均值	方差	公司 总数（家）	>1 的 比例（%）	均值	方差	公司 总数（家）
2000	11.21	0.93	0.039	232	7.89	0.95	0.010	798
2001	8.95	0.92	0.023	257	7.71	0.95	0.008	882
2002	8.80	0.91	0.026	284	5.83	0.94	0.007	926
2003	8.79	0.91	0.026	330	7.05	0.94	0.011	936
2004	11.57	0.90	0.025	363	5.71	0.93	0.008	963
2005	7.84	0.86	0.036	370	7.12	0.90	0.013	772
2006	11.00	0.85	0.027	391	12.38	0.91	0.012	864
2007	13.88	0.85	0.035	353	6.58	0.90	0.011	942
2008	8.86	0.83	0.032	314	6.83	0.89	0.013	965
2009	9.60	0.82	0.039	302	5.52	0.89	0.011	978
2010	10.67	0.82	0.036	300	5.81	0.89	0.014	999
2011	7.72	0.82	0.042	311	4.03	0.88	0.012	1043
2012	9.12	0.82	0.031	318	5.10	0.89	0.012	1039
2013	10.91	0.82	0.040	330	4.74	0.89	0.010	1033
2014	10.00	0.83	0.042	360	7.53	0.89	0.012	1023
2015	8.57	0.81	0.034	420	4.22	0.87	0.014	1018
2016	9.83	0.81	0.036	519	4.45	0.87	0.012	1056
2017	10.88	0.82	0.038	634	3.87	0.87	0.012	1111
2018	8.81	0.81	0.033	670	2.86	0.86	0.011	1120

注：如前文分析，基于股权分置改革的特殊性，本表结果的计算已剔除 2005～2007 年与股改议案相关的股东大会数据。事实上，采用原始数据的分析结果与此一致。

可见，在 2000 ~ 2018 年度，第一大股东 SPI 等于 1.0 的子样本相比 SPI 小于 1.0 的子样本，"股东大会（年度及临时）参会股东持股比例之和的均值"与"当年度公司前十大股东持股比例之和"之比的均值更大（更接近于 1.0）而方差则更小；但几乎所有年份，第一大股东 SPI 等于 1.0 的子样本相比 SPI 小于 1.0 的子样本，"股东大会（年度及临时）参会股东持股比例之和的均值"与"当年度公司前十大股东持股比例之和"之比大于 1.0 的公司数占各自公司总数的比例却更低。这说明，当第一大股东 SPI 等于 1.0 时，股东大会的参会者基本稳定为前十大股东，前十大以外股东参会的比例极低；当第一大股东 SPI 小于 1.0 时，前十大以外股东参会的比例则时高时低。对此，符合逻辑的解释应在于：当第一大股东并未完全掌握公司控制权时，前十大以外的股东具有相对较高的参会积极性，当然，这取决于与其利益的相关性，关乎其利益时参会，与其利益相关性较低时则放弃参会。

综上所述，在中国证券市场，前十大股东参与公司控制权竞争的格局的形成及稳定出现，可能是公司股东参与控制权竞争的博弈均衡：第一大股东以前十大股东参与控制权争夺为"标的"，以设计并确立其持股比例，而其余股东也以此确定其是否有必要参与竞争，如能对第一大股东产生有效制衡则参与，反之则放弃。当然，这一逻辑推论及其深层原因的进一步探寻，尚需更为严谨的理论分析及更为细致的经验检验。

2.2 第一大股东控制权等于 1.0 与第一大股东不同持股比例的公司占比分布比较

本书对第一大股东控制权（SPI）等于 1.0 的公司数占公司总数的比例与第一大股东持股比例的不同分布状态进行了比较，结果如表 7 所示。

表 7　　　　　第一大股东控制权（SPI）分布状况（1992～2018 年）

年度	第一大股东控制权（SPI）=1 的公司数占公司总数的比例（%）	第一大股东不同持股比例的公司数占公司总数的比例（%）			公司总数（家）
		(0.0, 0.2)	[0.2, 0.5)	[0.5, 1.0)	
1992	61.54	7.69	69.23	23.08	13
1993	71.62	19.59	47.30	33.11	148
1994	75.00	14.50	49.00	36.50	200
1995	74.49	11.52	53.50	34.98	243
1996	78.72	8.70	53.39	37.91	517
1997	79.34	7.52	51.30	41.18	731
1998	79.50	6.79	50.77	42.43	839
1999	78.30	6.49	50.85	42.66	940
2000	78.14	7.01	50.73	42.25	1084
2001	77.54	7.49	51.64	40.88	1162
2002	76.75	7.96	52.28	39.76	1230
2003	74.26	7.68	55.04	37.29	1290
2004	72.90	7.57	56.72	35.71	1347
2005	71.87	7.91	58.65	33.43	1340
2006	70.42	13.04	64.37	22.58	1342
2007	73.54	14.96	64.19	20.85	1357
2008	76.42	15.67	62.24	22.10	1353
2009	77.59	16.23	61.42	22.34	1361
2010	78.00	16.28	61.58	22.14	1382
2011	77.82	16.66	60.81	22.53	1416
2012	77.64	15.76	60.14	24.10	1440
2013	76.94	16.25	59.87	23.89	1440
2014	75.47	16.33	60.97	22.70	1476
2015	71.95	16.74	62.30	20.96	1565
2016	68.36	16.79	63.35	19.87	1656
2017	65.69	15.66	64.94	19.40	1871
2018	64.81	15.20	65.38	19.42	1921

可以看出，在 1992～2018 年间，随时间推移，第一大股东持股比例高于 50% 的公司占比由最高时的 43% 逐渐降低至约 20%，而第一大股东持股比例低于 20% 的公司占比则由最低时的 7% 稳步升高至约 17%，但与之相比，第一大股东 SPI 等于 1.0 的公司占比则相对恒定（1992 年除外，因其样本数太少）。

表 8 显示，在 1992～2018 年的 27 年间，第一大股东 SPI 等于 1.0 的公司数占公司总数的比例以及第一大股东不同持股比例的公司占公司总数比例的均值及变化情况。

表8　第一大股东不同控制权及持股比例公司占比的变化（1992～2018 年）

项目	第一大股东控制权（SPI）=1 的公司数占公司总数的比例	第一大股东不同持股比例的公司数占公司总数的比例		
		(0.0, 0.2)	[0.2, 0.5)	[0.5, 1.0)
均值	0.74	0.12	0.58	0.30
标准差	0.047	0.043	0.060	0.088
变异系数	0.06	0.36	0.10	0.29

很显然，第一大股东 SPI 等于 1.0 的公司占比的均值为 75%，且其变异状况明显低于第一大股东持股比例的不同区间的占比情况。尽管总体来看，第一大股东持股比例趋于不断降低，但其 SPI 等于 1.0 的状况却非常稳定，且占比极高。

2.3　第一大股东控制权与第一大股东不同持股比例分布比较

考察不同的第一大股东持股比例的情况下，第一大股东 SPI 小于 1.0 或等于 1.0 的公司占比状况，结果如表 9 所示。

表9　　　　　**第一大股东控制权（SPI）等于1.0或**

小于1.0的公司占比状况（1992~2018年）

年度	第一大股东不同持股比例情况下不同控制权（SPI）的公司占比（%）				公司总数（家）
	<20%		≥20%		
	<1	=1	<1	=1	
1992	7.69	0.00	30.77	61.54	13
1993	16.89	2.70	11.49	68.92	148
1994	13.50	1.00	11.50	74.00	200
1995	11.11	0.41	14.40	74.07	243
1996	7.54	1.16	13.73	77.56	517
1997	6.70	0.82	13.95	78.52	731
1998	6.20	0.60	14.30	78.90	839
1999	5.96	0.53	15.74	77.77	940
2000	6.18	0.83	15.68	77.31	1084
2001	6.71	0.77	15.75	76.76	1162
2002	7.15	0.81	16.10	75.93	1230
2003	6.74	0.93	18.99	73.33	1290
2004	6.61	0.97	20.49	71.94	1347
2005	6.72	1.19	21.42	70.67	1340
2006	9.76	3.28	19.82	67.14	1342
2007	11.13	3.83	15.33	69.71	1357
2008	11.23	4.43	12.34	71.99	1353
2009	11.24	5.00	11.17	72.59	1361
2010	11.36	4.92	10.64	73.08	1382
2011	10.88	5.79	11.30	72.03	1416
2012	10.49	5.28	11.88	72.36	1440
2013	11.25	5.00	11.81	71.94	1440
2014	11.45	4.88	13.08	70.60	1476
2015	12.72	4.03	15.34	67.92	1565
2016	13.16	3.62	18.48	64.73	1656
2017	12.99	2.67	21.33	63.01	1871
2018	13.07	2.13	22.12	62.68	1921

不难发现，在第一大股东持股比例低于 20% 的公司中，第一大股东 SPI 等于 1.0 的公司占比随时间推移逐步增加；而在第一大股东持股比例高于 20% 的公司中，第一大股东 SPI 小于 1.0 的公司亦存在相当比例。这说明，公司第一大股东控制权等于 1.0 与其持股比例并无绝对联系，在其持股比例低于或高于 20% 的公司中，均存在第一大股东控制权等于 1.0 或小于 1.0 的情况，这一结果明显不同于伯利和米恩斯（Belre and Means，1932）的理论推断。

2.4 第一大股东控制权与其现金流权的分离

本书继续考察 1992～2018 年上市公司第一大股东控制权与其现金流权的分离状况，结果如表 10 所示。

表 10　第一大股东控制权（SPI）与现金流权的分离状况（1992～2018 年）

年度	第一大股东控制权（SPI）与现金流权的分离度（控制权 – 现金流权）					公司总数（家）
	均值	方差	最小值	最大值	中位数	
1992	0.37	0.058	0.07	0.71	0.32	13
1993	0.41	0.042	0.01	0.96	0.41	148
1994	0.43	0.037	− 0.07	0.96	0.43	200
1995	0.43	0.038	− 0.01	0.83	0.46	243
1996	0.45	0.034	− 0.09	0.85	0.46	517
1997	0.44	0.034	− 0.09	0.85	0.45	731
1998	0.44	0.033	− 0.09	0.85	0.44	839
1999	0.43	0.033	− 0.09	0.85	0.43	940
2000	0.44	0.034	− 0.09	0.88	0.44	1084
2001	0.44	0.034	− 0.09	0.88	0.44	1162
2002	0.44	0.035	− 0.09	0.86	0.44	1230
2003	0.44	0.037	− 0.09	0.93	0.44	1290

年度	第一大股东控制权（SPI）与现金流权的分离度（控制权－现金流权）					公司总数（家）
	均值	方差	最小值	最大值	中位数	
2004	0.44	0.038	－0.09	0.93	0.44	1347
2005	0.44	0.039	－0.09	0.91	0.45	1340
2006	0.48	0.041	－0.09	0.95	0.50	1342
2007	0.51	0.040	－0.09	0.91	0.53	1357
2008	0.52	0.040	－0.09	0.91	0.54	1353
2009	0.53	0.039	－0.09	0.94	0.55	1361
2010	0.53	0.041	－0.09	0.97	0.55	1382
2011	0.52	0.042	－0.09	0.91	0.55	1416
2012	0.52	0.042	－0.09	0.98	0.54	1440
2013	0.51	0.042	－0.07	0.91	0.54	1440
2014	0.51	0.042	－0.07	0.91	0.54	1476
2015	0.49	0.044	－0.07	0.91	0.52	1565
2016	0.48	0.045	－0.07	0.93	0.50	1656
2017	0.46	0.045	－0.07	0.95	0.49	1871
2018	0.46	0.044	－0.08	0.93	0.49	1921

由表 10 可以看出，公司第一大股东控制权与其现金流权的分离普遍存在，且存在控制权小于现金流权的情况。

由此，本书认为，在中国证券市场中，就上市公司水平控制层面而言，第一大股东具有强烈的冲动完全拥有公司的实际控制权，事实上在 1992 ~ 2018 年的 27 年间的所有时期，约 75% 的公司在真实意义上被第一大股东完全控制，且这一现象与公司第一大股东的持股比例并无绝对联系，即不论其持股比例的大小，均存在其实际控制权（SPI）为 1.0 的情况，即总体而言，随时间推移，公司第一大股东持股比例持续下降，但其控制权分布却稳定不变。公司第一大股东实际控制权与其现金流权的分离乃普遍存在的事实，平均而言相差较大，而且存在实际控制权小于现金流权的情况。

3 金字塔型结构中的公司终极控制权

3.1 公司终极控制权的现实状况

首先，本书依然以前十大股东为公司控制权竞争的博弈参与人，以表决权的1/2为获胜准则，运用2013～2018年数据，计算金字塔型控制结构的上层公司的第一大股东夏普利权力指数（SPI），其分布状况如书中表6-1所示。从表6-1中可以看出，上层公司的第一大股东夏普利权力指数分布结构与控制链底层上市公司的情况基本一致，但状态却更为极端，91%以上公司的第一大股东夏普利权力指数（SPI）为1.0。

进而，依据前文所定义的公司终极控制权的测度方法，计算上市公司终极实际控制权，其分布状况如书中表6-1所示。

3.2 公司终极控制权与现金流权的分离

进一步，本书计算了上市公司终极控制权（SPI）与其现金流权的分离度（见表11）。

表11 上市公司终极控制权（SPI）与终极现金流权的分离（2013～2018年）

年度	终极控制权（SPI）－终极现金流权					公司总数（家）
	均值	方差	最小值	最大值	中位数	
2013	0.52	0.052	－0.07	0.96	0.55	1395
2014	0.52	0.052	－0.07	0.96	0.55	1422
2015	0.51	0.053	－0.07	0.97	0.54	1511
2016	0.49	0.053	－0.07	0.97	0.52	1600

年度	终极控制权（SPI）-终极现金流权					公司总数（家）
	均值	方差	最小值	最大值	中位数	
2017	0.47	0.053	−0.07	0.97	0.50	1816
2018	0.47	0.053	−0.08	0.95	0.50	1880

可以发现，上市公司的终极控制权（SPI）与现金流权存在分离，但却并非绝对加强，而是存在终极控制权（SPI）反而低于现金流权的情况。

进一步，本书将对金字塔型结构中公司终极控制权（SPI）等于或小于1.0情况下的分离度，与下层上市公司控制层面的分离度分别进行比较（独立样本 T 检验），结果如表12所示。

表12　金字塔型结构与上市公司水平控制层面分离度的差异比较（2014 年）

项目	控制权 – 现金流权			
分组	金字塔型结构终极控制权（SPI）< 1	上市公司控制层面	金字塔型结构终极控制权（SPI）= 1	上市公司控制层面
均值	0.275	0.510	0.626	0.510
标准差	0.158	0.206	0.163	0.206
t 统计量	−25.209		15.525	
Sig.	0.000		0.000	
样本数	428	1476	994	1476

可以发现，在金字塔型结构中，当其终极控制权（SPI）等于1.0时，其分离度显著高于上市公司控制层面的样本，而当终极控制权（SPI）小于1.0时，其分离度则显著低于上市公司控制层面。这提示金字塔型控制结构相对于上市公司控制层面，并不必然导致其终极控制权（SPI）与现金流权分离度的增加。其余年度数据的分析结果与此一致。

　　结合上市公司水平层面控制权（SPI）与现金流权的分离状况（见表10），综合而言，可以发现，金字塔型结构对于控制权与现金流权的"分离"并非必要条件，同时也非充分条件；而控制链上的第一大股东是否对公司均拥有完全的控制权（SPI）（是否等于1.0），才是公司终极控制权（SPI）相比于上市公司水平控制层面，大大超越其现金流权之关键，而并非金字塔型结构本身，即所谓"分离度"的提高，完全依赖于公司终极控制权（SPI）是否等于1.0。因而，相对于终极控制权，"分离度"显然已不是一个重要且必需的概念。

参 考 文 献

一、中文部分

[1] 安灵，刘星，白艺昕.股权制衡、终极所有权性质与上市企业非效率投资 [J].管理工程学报，2008（2）：122-129.

[2] 蔡宁，梁丽珍.公司治理与财务舞弊关系的经验分析 [J].财经理论与实践，2003（6）：80-84.

[3] 蔡志岳，吴世农.董事会特征影响上市公司违规行为的实证研究 [J].南开管理评论，2007（6）：62-68，92.

[4] 曹春方，陈露兰，张婷婷."法律的名义"：司法独立性提升与公司违规 [J].金融研究，2017（5）：191-206.

[5] 曹海敏，李三印.终极控股股东两权分离对现金持有价值的影响研究：基于资本结构的中介效应 [J].会计之友，2021（1）：17-22.

［6］曹伦，陈维政．独立董事履职影响因素与上市公司违规行为的关系实证研究［J］．软科学，2008（11）：127－132.

［7］车响午，彭正银．上市公司董事背景特征与企业违规行为研究［J］．财经问题研究，2018（1）：69－75.

［8］陈丹，李红军．公司治理的性别视角：董事会性别结构对上市公司违规行为的影响［J］．社会科学研究，2020（4）：99－106.

［9］陈国进，林辉，王磊．公司治理、声誉机制和上市公司违法违规行为分析［J］．南开管理评论，2005（6）：35－40.

［10］陈国进，赵向琴，林辉．上市公司违法违规处罚和投资者利益保护效果［J］．财经研究，2005（8）：48－58.

［11］陈钦源，马黎珺，伊志宏．分析师跟踪与企业创新绩效：中国的逻辑［J］．南开管理评论，2017，20（3）：15－27.

［12］陈维，陈伟，吴世农．证券分析师的股票评级与内部人交易：我国证券分析师是否存在道德风险？［J］．证券市场导报，2014（3）：60－66.

［13］陈西婵，周中胜．高管激励对公司信息披露违规的治理作用：基于中国上市公司的经验证据［J］．苏州大学学报（哲学社会科学版），2020，41（6）：123－133.

［14］陈旭东，曾春华，杨兴全．终极控制人两权分离、多元化并购与公司并购绩效［J］．经济管理，2013，35（12）：23－31.

［15］陈运森，王汝花．产品市场竞争、公司违规与商业信用［J］．会计与经济研究，2014，28（5）：26－40.

［16］崔秀梅，刘静．市场化进程、最终控制人性质与企业社会责任：来自中国沪市上市公司的经验证据［J］．软科学，2009，22（1）：30－38.

［17］崔学刚．公司治理机制对公司透明度的影响：来自中国上市公司的经验数据［J］．会计研究，2004（8）：72－80，97.

[18] 单华军．内部控制、公司违规与监管绩效改进：来自 2007—2008 年深市上市公司的经验证据 [J]．中国工业经济，2010 (11)：140 - 148.

[19] 邓建平，曾勇．大股东控制和控制权私人利益研究 [J]．中国软科学，2004 (10)：50 - 58.

[20] 邓可斌，周小丹．独立董事与公司违规：合谋还是抑制 [J]．山西财经大学学报，2012，34 (11)：84 - 94.

[21] 窦炜，马莉莉，刘星．控制权配置、权利制衡与公司非效率投资行为 [J]．管理评论，2016，28 (12)：101 - 115.

[22] 段从清．我国独立董事制度运行的目的、障碍与对策研究 [J]．中国工业经济，2004 (6)：107 - 112.

[23] 冯旭南，陈工孟．什么样的上市公司更容易出现信息披露违规：来自中国的证据和启示 [J]．财贸经济，2011 (8)：51 - 58.

[24] 冯旭南，李心愉，陈工孟．家族控制、治理环境和公司价值 [J]．金融研究，2011 (3)：149 - 164.

[25] 淦未宇，徐细雄，林丁健．高管性别、权力结构与企业反伦理行为：基于上市公司违规操作 PSM 配对样本的实证检验 [J]．外国经济与管理，2015，37 (10)：18 - 31.

[26] 高敬忠，周晓苏．经营业绩、终极控制人性质与企业社会责任履行度：基于我国上市公司 1999—2006 年面板数据的检验 [J]．财经论丛，2008 (6)：63 - 69.

[27] 高培涛，王永泉．机构持股对上市公司关联交易影响的实证研究 [J]．山东大学学报（哲学社会科学版），2012 (4)：69 - 74.

[28] 顾亮，刘振杰．我国上市公司高管背景特征与公司治理违规行为研究 [J]．科学学与科学技术管理，2013，34 (2)：152 - 164.

[29] 桂爱勤，龙俊雄．分析师跟踪对上市公司违规行为影响的实证分析 [J]．统计与决策，2018，34 (10)：171 - 173.

[30] 桂爱勤. 上市公司违规行为的影响因素研究 [D]. 武汉：中南财经政法大学，2018.

[31] 郭瑞娜，曲吉林. 公司董事网络地位、内部控制与财务违规 [J]. 江西社会科学，2020，40（6）：195－204.

[32] 韩亮亮，李凯. 控制权、现金流权与资本结构：一项基于我国民营上市公司面板数据的实证分析 [J]. 会计研究，2008（3）：66－73，96.

[33] 郝颖，李晓欧，刘星. 终极控制、资本投向与配置绩效 [J]. 管理科学学报，2012，15（3）：83－96.

[34] 何杰，王果. 上市公司违规行为的分布特点、变化趋势和影响波及 [J]. 改革，2013（10）：142－151.

[35] 何杰，王敏. 中国上市公司的终极控制权：测度方法、分布状态与行为机制 [Z]. 工作论文，2020.

[36] 何贤杰，孙淑伟，朱红军，牛建军. 证券背景独立董事、信息优势与券商持股 [J]. 管理世界，2014（3）：148－162，188.

[37] 胡天存，杨鸥. 究竟是谁掌握中国上市公司控制权 [J]. 经济界，2004（6）：58－60.

[38] 扈文秀，介迎疆，侯于默，李簪. 监事与独立董事激励对两类代理成本影响的实证研究 [J]. 预测，2013，32（3）：46－50.

[39] 吉瑞，陈震. 产品市场竞争与企业现金持有水平 [J]. 财经问题研究，2020（9）：122－129.

[40] 计小青，曹啸. 标准的投资者保护制度和替代性投资者保护制度：一个概念性分析框架 [J]. 金融研究，2008（3）：151－162.

[41] 简建辉，黄毅勤. 外部治理机制与企业过度投资：来自中国 A 股的经验证据 [J]. 经济与管理研究，2011（5）：63－71.

[42] 江新峰，孙春萌，张敦力. 高管会计职业背景与上市公司违规 [J]. 财务研究，2019（3）：75－84.

[43] 姜付秀，黄磊，张敏. 产品市场竞争、公司治理与代理成本 [J]. 世界经济，2009，32（10）：46 – 59.

[44] 蒋弘，刘星. 股权制衡对并购中合谋行为经济后果的影响 [J]. 管理科学，2012，25（3）：34 – 44.

[45] 蒋荣，陈丽蓉. 产品市场竞争治理效应的实证研究：基于 CEO 变更视角 [J]. 经济科学，2007（2）：102 – 111.

[46] 雷啸，唐雪松，蒋心怡. 董事高管责任保险能否抑制公司违规行为？ [J]. 经济与管理研究，2020，41（2）：127 – 144.

[47] 雷宇，张宁. 法律背景、公司违规与高管变更 [J]. 广东财经大学学报，2019，34（5）：50 – 61，112.

[48] 黎来芳，王化成，张伟华. 控制权、资金占用与掏空：来自中国上市公司的经验证据 [J]. 中国软科学，2008（8）：121 – 127.

[49] 李春涛，宋敏，张璇. 分析师跟踪与企业盈余管理：来自中国上市公司的证据 [J]. 金融研究，2014（7）：124 – 139.

[50] 李春涛，赵一，徐欣，李青原. 按下葫芦浮起瓢：分析师跟踪与盈余管理途径选择 [J]. 金融研究，2016（4）：144 – 157.

[51] 李从刚，许荣. 保险治理与公司违规：董事高管责任保险的治理效应研究 [J]. 金融研究，2020（6）：188 – 206.

[52] 李建标，王光荣，李晓义，孙娟. 实验市场中的股权结构、信息与控制权收益 [J]. 南开管理评论，2008（1）：66 – 77.

[53] 李涛. 终极所有权结构影响了财务重述吗？：来自中国上市公司的经验证据 [J]. 管理现代化，2018，38（5）：9 – 12.

[54] 李万福，王宇，杜静，张怀. 监督者声誉提升机制的治理效应研究：来自签字审计师声誉提升的经验证据 [J]. 经济学（季刊），2021（1）：213 – 234.

[55] 李维安. 公司治理学 [M]. 北京：高等教育出版社，2006.

[56] 李伟, 于洋. 中国上市公司终极所有权结构及演变 [J]. 统计研究, 2012, 29 (10): 52 - 58.

[57] 梁杰, 王璇, 李进中. 现代公司治理结构与会计舞弊关系的实证研究 [J]. 南开管理评论, 2004 (6): 47 - 51.

[58] 梁上坤, 徐灿宇, 王瑞华. 和而不同以为治: 董事会断裂带与公司违规行为 [J]. 世界经济, 2020, 43 (6): 171 - 192.

[59] 刘白兰, 邹建华. 上市公司违规与中小投资者保护 [J]. 经济与管理研究, 2008 (6): 5 - 11.

[60] 刘昌国. 公司治理机制、自由现金流量与上市公司过度投资行为研究 [J]. 经济科学, 2006 (4): 50 - 58.

[61] 刘汉民, 薛丽娜, 齐宇. 独董薪酬激励对经理人超额薪酬的影响: 促进或抑制 [J]. 现代财经 (天津财经大学学报), 2020, 40 (6): 32 - 46.

[62] 刘慧龙, 齐云飞, 许晓芳. 金字塔层级、内部资本市场与现金持有竞争效应 [J]. 会计研究, 2019 (1): 79 - 85.

[63] 刘丽华, 徐艳萍, 饶品贵, 陈玥. 一损俱损: 违规事件在企业集团内的传染效应研究 [J]. 金融研究, 2019 (6): 113 - 131.

[64] 刘绍娓, 万大艳. 高管薪酬与公司绩效: 国有与非国有上市公司的实证比较研究 [J]. 中国软科学, 2013 (2): 90 - 101.

[65] 刘星, 安灵. 大股东控制、政府控制层级与公司价值创造 [J]. 会计研究, 2010 (1): 69 - 78, 96.

[66] 刘星, 蒋弘. 上市公司股权制衡与并购绩效: 基于夏普利 (Shapley) 指数与粗糙集的实证研究 [J]. 经济与管理研究, 2012 (2): 15 - 21.

[67] 刘星, 刘伟. 监督, 抑或共谋?: 我国上市公司股权结构与公司价值的关系研究 [J]. 会计研究, 2007 (6): 68 - 75, 96.

[68] 刘振杰, 顾亮, 李维安. 董事会非正式层级与公司违规 [J]. 财贸研

究，2019，30（8）：76 – 87.

[69] 刘志远，高佳旭. 终极控制人、金字塔结构与企业风险承担 [J]. 管理科学，2019，32（6）：149 – 163.

[70] 卢馨，李慧敏，陈烁辉. 高管背景特征与财务舞弊行为的研究：基于中国上市公司的经验数据 [J]. 审计与经济研究，2015，30（6）：58 – 68.

[71] 陆蓉，常维. 近墨者黑：上市公司违规行为的"同群效应" [J]. 金融研究，2018（8）：172 – 189.

[72] 陆瑶，胡江燕. CEO与董事间"老乡"关系对公司违规行为的影响研究 [J]. 南开管理评论，2016，19（2）：52 – 62.

[73] 陆瑶，李茶. CEO对董事会的影响力与上市公司违规犯罪 [J]. 金融研究，2016（1）：176 – 191.

[74] 陆瑶，朱玉杰，胡晓元. 机构投资者持股与上市公司违规行为的实证研究 [J]. 南开管理评论，2012，15（1）：13 – 23.

[75] 逯东，谢璇，杨丹. 独立董事官员背景类型与上市公司违规研究 [J]. 会计研究，2017（8）：55 – 61，95.

[76] 路军. 女性高管抑制上市公司违规了吗?：来自中国资本市场的经验证据 [J]. 中国经济问题，2015（5）：66 – 81.

[77] 罗宏，黄敏，周大伟，刘宝华. 政府补助、超额薪酬与薪酬辩护 [J]. 会计研究，2014（1）：42 – 48，95.

[78] 罗琦，胡志强. 控股股东道德风险与公司现金策略 [J]. 经济研究，2011，46（2）：125 – 137.

[79] 马施，李毓萍. 监事会特征与信息披露质量：来自深交所的经验证据 [J]. 东北师大学报（哲学社会科学版），2009（6）：99 – 102.

[80] 马忠，吴翔宇. 金字塔结构对自愿性信息披露程度的影响：来自家族控股上市公司的经验验证 [J]. 会计研究，2007（1）：44 – 50，92 – 93.

[81] 孟庆斌，李昕宇，蔡欣园. 公司战略影响公司违规行为吗 [J]. 南开管理评论，2018，21 (3)：116 - 129，151.

[82] 倪中新，武凯文，周亚虹，边思凯. 终极所有权视角下的上市公司股权融资偏好研究：控制权私利与融资需求分离 [J]. 财经研究，2015，41 (1)：132 - 144.

[83] 聂琦，刘申涵. 管理层权力、内部控制与公司违规行为：基于 Logistic 回归模型的实证分析 [J]. 经营与管理，2019 (5)：106 - 108.

[84] 潘越，戴亦一，林超群. 信息不透明、分析师关注与个股暴跌风险 [J]. 金融研究，2011 (9)：138 - 151.

[85] 彭茂，李进军. 公司价值、外部治理环境和上市公司违规行为研究：来自中国上市公司的经验数据 [J]. 天府新论，2016 (4)：120 - 126.

[86] 钱爱民，朱大鹏，郁智. 上市公司被处罚会牵连未受罚审计师吗? [J]. 审计研究，2018 (3)：63 - 70.

[87] 权小锋，吴世农，文芳. 管理层权力、私有收益与薪酬操纵 [J]. 经济研究，2010，45 (11)：73 - 87.

[88] 权小锋，肖斌卿，尹洪英. 投资者关系管理能够抑制企业违规风险吗?：基于 A 股上市公司投资者关系管理的综合调查 [J]. 财经研究，2016，42 (5)：15 - 27.

[89] 全怡，郭卿. "追名"还是"逐利"：独立董事履职动机之探究 [J]. 管理科学，2017，30 (4)：3 - 16.

[90] 全怡，姚振晔. 法律环境、独董任职经验与企业违规 [J]. 山西财经大学学报，2015，37 (9)：76 - 89.

[91] 冉光圭，方巧玲，罗帅. 中国公司的监事会真的无效吗 [J]. 经济学家，2015 (1)：73 - 82.

[92] 沈华玉，吴晓晖，吴世农. 控股股东控制权与股价崩盘风险："利益协同"还是"隧道"效应? [J]. 经济管理，2017，39 (4)：65 - 83.

[93] 沈艺峰, 况学文, 聂亚娟. 终极控股股东超额控制与现金持有量价值的实证研究 [J]. 南开管理评论, 2008 (1): 15 – 23, 38.

[94] 宋乐, 张然. 上市公司高管证券背景影响分析师预测吗? [J]. 金融研究, 2010 (6): 112 – 123.

[95] 宋小保. 最终控制人、负债融资与利益侵占: 来自中国民营上市公司的经验证据 [J]. 系统工程理论与实践, 2014, 34 (7): 1633 – 1647.

[96] 苏冬蔚, 林大庞. 股权激励、盈余管理与公司治理 [J]. 经济研究, 2010, 45 (11): 88 – 100.

[97] 苏坤, 杨淑娥. 终极控制股东超额控制、现金流权与公司透明度: 来自深市民营上市公司的证据 [J]. 证券市场导报, 2009 (3): 47 – 53.

[98] 孙健. 终极控制权与超额现金持有 [J]. 经济与管理研究, 2008 (3): 72 – 78.

[99] 孙进军, 顾乃康, 刘白兰. 产品市场竞争与现金价值: 掠夺理论还是代理理论 [J]. 经济与管理研究, 2012 (2): 49 – 57.

[100] 孙敬水, 周永强. 我国上市公司董事会特征与信息披露违规: 基于 2004 – 2006 年数据实证分析 [J]. 工业技术经济, 2008 (1): 138 – 142.

[101] 孙泽蕤, 朱晓妹. 上市公司独立董事薪酬制度的理论研究及现状分析 [J]. 南开管理评论, 2005 (1): 21 – 29.

[102] 唐跃军, 左晶晶. 终极控制权、大股东制衡与信息披露质量 [J]. 经济理论与经济管理, 2012 (6): 83 – 95.

[103] 唐跃军. 大股东制衡、违规行为与外部监管: 来自 2004 – 2005 年上市公司的证据 [J]. 南开经济研究, 2007 (6): 106 – 117.

[104] 滕飞, 辛宇, 顾小龙. 产品市场竞争与上市公司违规 [J]. 会计研究, 2016 (9): 32 – 40.

[105] 田昆儒, 田雪丰. 控制链长度与上市公司股价崩盘风险: 影响效果及

机制检验 [J]. 财贸研究, 2019, 30 (10): 78 – 92.

[106] 万良勇, 邓路, 郑小玲. 网络位置、独立董事治理与公司违规: 基于部分可观测 Bivariate Probit 模型 [J]. 系统工程理论与实践, 2014, 34 (12): 3091 – 3102.

[107] 王斌, 何林渠. 控股股东性质差异与剥夺行为: 基于中国资本市场的实证检验 [J]. 经济与管理研究, 2008 (3): 17 – 24.

[108] 王兵, 吕梦, 苏文兵. 监事会治理有效吗: 基于内部审计师兼任监事会成员的视角 [J]. 南开管理评论, 2018, 21 (3): 76 – 89.

[109] 王果. 中国上市公司违规行为研究: 1992 ~ 2011 [D]. 西南财经大学, 2014.

[110] 王建玲, 宋林. 金字塔结构、最终控制人属性与企业社会责任报告质量 [J]. 当代经济科学, 2014, 36 (5): 99 – 106, 128.

[111] 王俊秋, 张奇峰. 终极控制权、现金流量权与盈余信息含量: 来自家族上市公司的经验证据 [J]. 经济与管理研究, 2007 (12): 10 – 16.

[112] 王立章, 王咏梅, 王志诚. 控制权、现金流权与股价同步性 [J]. 金融研究, 2016 (5): 97 – 110.

[113] 王敏, 何杰. 大股东控制权与上市公司违规行为研究 [J]. 管理学报, 2020, 17 (3): 447 – 455.

[114] 王鹏, 周黎安. 控股股东的控制权、所有权与公司绩效: 基于中国上市公司的证据 [J]. 金融研究, 2006 (2): 88 – 98.

[115] 王小鲁, 樊纲, 胡李鹏. 中国分省份市场化指数报告 (2018) [M]. 社会科学文献出版社, 2019.

[116] 王晓丹, 孙涛. 女性高管、企业违规与社会责任的履行 [J]. 制度经济学研究, 2020 (1): 70 – 85.

[117] 王彦明, 赵大伟. 论中国上市公司监事会制度的改革 [J]. 社会科学研究, 2016 (1): 89 – 96.

[118] 王艳艳，于李胜. 股权结构与择时披露 [J]. 南开管理评论，2011，14 (5)：118-128.

[119] 王烨，孙娅妮，孙慧倩，柳希望. 员工持股计划如何提升内部控制有效性?：基于 PSM 的实证研究 [J]. 审计与经济研究，2021，36 (1)：14-25.

[120] 王烨. 股权控制链、代理冲突与审计师选择 [J]. 会计研究，2009 (6)：65-72，97.

[121] 王跃堂，赵子夜，魏晓雁. 董事会的独立性是否影响公司绩效? [J]. 经济研究，2006 (5)：62-73.

[122] 魏芳，耿修林. 高管薪酬差距的阴暗面：基于企业违规行为的研究 [J]. 经济管理，2018，40 (3)：57-73.

[123] 魏志华，李常青，曾爱民，陈维欢. 关联交易、管理层权力与公司违规：兼论审计监督的治理作用 [J]. 审计研究，2017 (5)：87-95.

[124] 吴超鹏，郑方镳，林周勇，李文强，吴世农. 对价支付影响因素的理论和实证分析 [J]. 经济研究，2006 (8)：14-23.

[125] 肖作平，刘辰嫣. 两权分离、金融发展与公司债券限制性条款：来自中国上市公司的经验证据 [J]. 证券市场导报，2018 (12)：48-60.

[126] 肖作平. 终极所有权结构对权益资本成本的影响：来自中国上市公司的经验证据 [J]. 管理科学学报，2016，19 (1)：72-86.

[127] 谢军. 公司内部治理机制研究 [D]. 厦门：厦门大学，2003.

[128] 谢盛纹. 最终控制人性质、审计行业专业性与控股股东代理成本：来自我国上市公司的经验证据 [J]. 审计研究，2011 (3)：64-73.

[129] 徐成龙. 环境规制下产业结构调整及其生态效应研究：以山东省为例 [M]. 北京：经济科学出版社，2021.

[130] 徐筱凤，李寿喜，黄学鹏. 实际控制人、高管激励与上市公司违规行为 [J]. 世界经济文汇，2019 (5)：90-101.

[131] 薛祖云，黄彤. 董事会、监事会制度特征与会计信息质量：来自中国资本市场的经验分析 [J]. 财经理论与实践，2004 (4)：84-89.

[132] 闫华红，王安亮. 终极控制人特征对资本结构的影响：基于中国上市公司的经验证据 [J]. 经济与管理研究，2013 (2)：12-17.

[133] 闫焕民，谢盛纹. 审计师轮换违规行为会导致审计报告激进吗?：基于我国法律约束环境的实证研究 [J]. 财经论丛，2016 (11)：66-74.

[134] 杨道广，陈汉文. 内部控制、法治环境与守法企业公民 [J]. 审计研究，2015 (5)：76-83.

[135] 杨慧辉，汪建新，郑月. 股权激励、控股股东性质与信贷契约选择 [J]. 财经研究，2018，44 (1)：75-86.

[136] 杨清香，俞麟，陈娜. 董事会特征与财务舞弊：来自中国上市公司的经验证据 [J]. 会计研究，2009 (7)：64-70，96.

[137] 杨淑娥，苏坤. 终极控制、自由现金流约束与公司绩效：基于我国民营上市公司的经验证据 [J]. 会计研究，2009 (4)：78-86，97.

[138] 于晓强，刘善存. 治理结构与信息披露违规行为：来自我国 A 股上市公司的经验证据 [J]. 系统工程，2012，30 (6)：43-52.

[139] 余银波. 监事会治理对公司信息披露质量的影响：基于深市民营上市公司的实证研究 [J]. 科技情报开发与经济，2009，19 (21)：116-118.

[140] 鱼乃夫，杨乐. 高管异质性、企业社会责任与上市公司违规行为：来自 A 股主板上市公司的经验证据 [J]. 证券市场导报，2019 (12)：12-19，28.

[141] 俞红海，徐龙炳，陈百助. 终极控股股东控制权与自由现金流过度投资 [J]. 经济研究，2010，45 (8)：103-114.

[142] 袁春生，韩洪灵. 董事会规模影响财务舞弊的机理及其实证检验

[J]. 商业经济与管理，2008（3）：44－49.

[143] 张大勇. 金字塔股权结构对国资控股上市公司业绩影响的实证研究：基于政府控制级别差异的视角［J］. 西南民族大学学报（人文社科版），2018，39（10）：122－128.

[144] 张恩众. 大股东持股的激励效应与隧道效应［J］. 软科学，2007（4）：66－69.

[145] 张天舒，陈信元，黄俊. 独立董事薪酬与公司治理效率［J］. 金融研究，2018（6）：155－170.

[146] 张晓岚，吴东霖，张超. 董事会治理特征：上市公司信息披露违规的经验证据［J］. 当代经济科学，2009，31（4）：99－107，128.

[147] 张艳莉，张同建，孔春丽. 政治关联视角下上市银行监事会治理效应实证研究［J］. 金融理论与实践，2016（7）：101－106.

[148] 张兆国，郑宝红，李明. 公司治理、税收规避和现金持有价值：来自我国上市公司的经验证据［J］. 南开管理评论，2015，18（1）：15－24.

[149] 张振新，杜光文，王振山. 监事会、董事会特征与信息披露质量［J］. 财经问题研究，2011（10）：60－67.

[150] 赵世芳，江旭，应千伟，霍达. 股权激励能抑制高管的急功近利倾向吗：基于企业创新的视角［J］. 南开管理评论，2020，23（6）：76－87.

[151] 甄红线，史永东. 终极所有权结构研究：来自中国上市公司的经验证据［J］. 中国工业经济，2008（11）：108－118.

[152] 甄红线，张先治，迟国泰. 制度环境、终极控制权对公司绩效的影响：基于代理成本的中介效应检验［J］. 金融研究，2015（12）：162－177.

[153] 甄红线，朱菲菲，迟国泰. 治理环境，金字塔结构与公司业绩［J］. 系统工程理论与实践，2017，37（8）：1963－1972.

[154] 曾庆生，陈信元. 何种内部治理机制影响了公司权益代理成本：大股东与董事会治理效率的比较 [J]. 财经研究，2006 (2)：106-117.

[155] 曾伟强，李延喜，张婷婷，马壮. 行业竞争是外部治理机制还是外部诱导因素：基于中国上市公司盈余管理的经验证据 [J]. 南开管理评论，2016, 19 (4)：75-86.

[156] 郑春美，李文耀. 基于会计监管的中国独立董事制度有效性实证研究 [J]. 管理世界，2011 (3)：184-185.

[157] 郑建明，黄晓蓓，张新民. 管理层业绩预告违规与分析师监管 [J]. 会计研究，2015 (3)：50-56, 95.

[158] 郑志刚，梁昕雯，黄继承. 中国上市公司应如何为独立董事制定薪酬激励合约 [J]. 中国工业经济，2017 (2)：174-192.

[159] 周建新. 会计师事务所组织形式与上市公司违规行为 [J]. 国际商务财会，2013 (12)：77-83.

[160] 周泽将，雷玲. 纪委参与改善了国有企业监事会的治理效率吗?：基于代理成本视角的考察 [J]. 财经研究，2020, 46 (3)：34-48.

[161] 周泽将，刘中燕. 独立董事本地任职对上市公司违规行为之影响研究：基于政治关联与产权性质视角的经验证据 [J]. 中国软科学，2017 (7)：116-125.

[162] 周泽将，马静，胡刘芬. 经济独立性能否促进监事会治理功能发挥：基于企业违规视角的经验证据 [J]. 南开管理评论，2019, 22 (6)：62-76.

[163] 朱春艳，伍利娜. 上市公司违规问题的审计后果研究：基于证券监管部门处罚公告的分析 [J]. 审计研究，2009 (4)：42-51.

[164] 朱杰. 独立董事薪酬激励与上市公司信息披露违规 [J]. 审计与经济研究，2020, 35 (2)：77-86.

[165] 朱沛华. 负面声誉与企业融资：来自上市公司违规处罚的经验证据

[J]. 财贸经济, 2020, 41 (4): 50 - 65.

[166] 邹洋, 张瑞君, 孟庆斌, 侯德帅. 资本市场开放能抑制上市公司违规吗?: 来自 "沪港通" 的经验证据 [J]. 中国软科学, 2019 (8): 120 - 134.

二、英文部分

[1] Agrawal, A., & Chadha, S. Corporate Governance and Accounting Scandals [J]. The Journal of Law and Economics, 2005, 48 (2): 371 - 406.

[2] Aminadav, G., & Papaioannou, E. Corporate Control around the World [J]. Journal of Finance, 2020, 75 (3): 1191 - 1246.

[3] Andres, C., Betzer, A., Bongard, I. van den, Haesner, C., & Theissen, E. The Information Content of Dividend Surprises: Evidence from Germany [J]. Journal of Business Finance & Accounting, 2013, 40: 620 - 645.

[4] Armstrong, C. S., Jagolinzer, A. D., & Larcker, D. F. Chief Executive Officer Equity Incentives and Accounting Irregularities [J]. Journal of Accounting Research, 2010, 48 (2): 225 - 271.

[5] Attig, N., Guedhami, O., & Mishra, D. Multiple Large Shareholders, Control Contests, and Implied Cost of Equity [J]. Journal of Corporate Finance, 2008, 14 (5): 721 - 737.

[6] Autore, D. M., Hutton, I., Peterson, D. R., & Smith, A. H. The Effect of Securities Litigation on External Financing [J]. Journal of Corporate Finance, 2014, 27: 231 - 250.

[7] Azofra, V., & Santamaría, M. Ownership, Control, and Pyramids in Spanish Commercial Banks [J]. Journal of Banking and Finance, 2011, 35 (6): 1464 - 1476.

[8] Baker, W. E. , & Faulkner, R. R. Social Networks and Loss of Capital [J]. Social Networks, 2004, 26 (2): 91 – 111.

[9] Balakrishnan, K. , & Cohen, D. A. Product Market Competition and Financial Accounting Misreporting SSRN Electronic Journal, 2011.

[10] Bao, S. R. , & Lewellyn, K. B. Ownership Structure and Earnings Management in Emerging Markets: An Institutionalized Agency Perspective [J]. International Business Review, 2017, 26 (5): 828 – 838.

[11] Bardos, K. S. , & Mishra, D. Financial restatements, litigation and implied cost of equity [J]. Applied Financial Economics, 2014, 24 (1): 51 – 71.

[12] Beasley, M. S. An Empirical Analysis of the Relation between the Board of Director Composition and Financial Statement Fraud [J]. Accounting Review, 1996: 443 – 465.

[13] Berle, A. A. , & Means, G. C. The Modern Corporation and Private Property [M]. New York: Macmillan, 1932.

[14] Bharath, S. T. , Sunder, J. , & Sunder, S. V. Accounting Quality and Debt Contracting [J]. The Accounting Review, 2008, 83 (1): 1 – 28.

[15] Boubaker, S. , Mansali, H. , & Rjiba, H. Large Controlling Shareholders and Stock Price Synchronicity [J]. Journal of Banking and Finance, 2014, 40 (3): 80 – 96.

[16] Bunkanwanicha, P. , Gupta, J. , & Rokhim, R. Debt and Entrenchment: Evidence from Thailand and Indonesia [J]. European Journal of Operational Research, 2008, 185 (3): 1578 – 1595.

[17] Burns, N. , & Kedia, S. The Impact of Performance-Based Compensation on Misreporting [J]. Journal of Financial Economics, 2006, 79 (1): 35 – 67.

[18] Caprio, L. , Croci, E. , & Giudice, A. D. Ownership Structure, Family

Control, and Acquisition Decisions [J]. Journal of Corporate Finance, 2011, 17 (5): 1636 – 1657.

[19] Chen, G., Firth, M., Gao, D. N., & Rui, O. M. Is China's Securities Regulatory Agency a Toothless Tiger? Evidence from Enforcement Actions [J]. Journal of Accounting and Public Policy, 2005, 24 (6): 451 – 488.

[20] Chen, G., Firth, M., Gao, D. N., & Rui, O. M. Ownership Structure, Corporate Governance, and Fraud: Evidence from China [J]. Journal of Corporate Finance, 2006, 12 (3): 424 – 448.

[21] Chen, J., Cumming, D., Hou, W., & Lee, E. Does the External Monitoring Effect of Financial Analysts Deter Corporate Fraud in China [J]. Journal of Business Ethics, 2016, 134 (4): 727 – 742.

[22] Chen, L. Local Institutions, Audit Quality, and Corporate Scandals of US-Listed Foreign Firms [J]. Journal of Business Ethics, 2016, 133 (2): 351 – 373.

[23] Chen, S., Miao, B., & Shevlin, T. A New Measure of Disclosure Quality: The Level of Disaggregation of Accounting Data in Annual Reports [J]. Journal of Accounting Research, 2015, 53 (5): 1017 – 1054.

[24] Chen, Y., Zhu, S., & Wang, Y. Corporate Fraud and Bank Loans: Evidence from China [J]. China Journal of Accounting Research, 2011, 4 (3): 155 – 165.

[25] Choi, D., Gam, Y. K., & Shin, H. Corporate Fraud under Pyramidal Ownership Structure: Evidence from a Regulatory Reform [J]. Emerging Markets Review, 2020, 45: 100726.

[26] Claessens, S., Djankov, S., & Lang, L. H. The Separation of Ownership and Control in East Asian Corporations [J]. Journal of Financial Economics, 2000, 58 (12): 81 – 112.

[27] Claessens, S., Djankov, S., Fan, J. P. H., & Lang, L. H. P. Disentangling the Incentive and Entrenchment Effects of Large Shareholdings [J]. Journal of Finance, 2002, 57 (6): 2741 – 2771.

[28] Conyon, M. J., & He, L.. Executive Compensation and Corporate Fraud in China [J]. Journal of Business Ethics, 2016, 134 (4): 669 – 691.

[29] Core, J. E., Holthausen, R. W., & Larcker, D. F. Corporate Governance, Chief Executive Officer Compensation, and Firm Performance [J]. Journal of Financial Economics, 1999, 51 (3): 371 – 406.

[30] Crespi, R., & Renneboog, L. Is (Institutional) Shareholder Activism New? Evidence from UK Shareholder Coalitions in the Pre-Cadbury Eras [J]. Corporate Governance: An International Review, 2010, 18 (4): 274 – 295.

[31] Dahya, J., Dimitrov, O., & McConnell, J. J. Dominant Shareholders, Corporate Boards, and Corporate Value: A Cross-Country Analysis [J]. Journal of Financial Economics, 2008, 87 (1): 73 – 100.

[32] Dahya, J., Karbhari, Y., & Xiao, J. Z. The Supervisory Board in Chinese Listed Companies: Problems, Causes, Consequences and Remedies [J]. Asia Pacific Business Review, 2002, 9 (2): 118 – 137.

[33] Davidson, W. N., Worrell, D. L., & Garrison, S. H. Effect of Strike Activity on Firm Value [J]. Academy of Management Journal, 1988, 31 (2): 387 – 394.

[34] Dechow, P. M., Sloan, R. G., & Sweeney, A. P. Causes and Consequences of Earnings Manipulation: An Analysis of Firms Subject to Enforcement Actions by the SEC [J]. Contemporary Accounting Research, 1996, 13 (1): 1 – 36.

[35] Dechow, P., Hutton, A., & Sloan, R. The Relation between Analysts'

Long-term Earnings Forecasts and Stock Price Performance Following Equity Offerings [J]. Contemporary Accounting Research, 2000, 17 (1): 1 – 32.

[36] DeMott, D. A. The Discrete Roles of General Counsel [J]. Fordham Law Review, 2005, 74 (3): 955.

[37] Denis, D. K. and McConnell, J. International Corporate Governance [J]. Journal of Financial and Quantitative Analysis, 2003, 38: 1 – 36.

[38] Dyck, A., Morse, A., & Zingales, L. Who Blows the Whistle on Corporate Fraud? [J]. Journal of Finance, 2010, 65 (6): 2213 – 2253.

[39] Edwards, J. S. S., & Weichenrieder, A. J. Control Rights, Pyramids, and the Measurement of Ownership Concentration [J]. Journal of Economic Behavior and Organization, 2009, 72 (1): 489 – 508.

[40] Efendi, J., Srivastava, A., & Swanson, E. P. Why do Corporate Managers Misstate Financial Statements? The Role of Option Compensation and Other Factors [J]. Journal of Financial Economics, 2007, 85 (3): 667 – 708.

[41] Faccio, M., & Lang, L. H. The Ultimate Ownership of Western European Corporations [J]. Journal of Financial Economics, 2002, 65 (3): 365 – 395.

[42] Fan, J. P., & Wong, T. Corporate Ownership Structure and the Informativeness of Accounting Earnings in East Asia [J]. Journal of Accounting and Economics, 2002, 33 (3): 401 – 425.

[43] Fan, S., & Wang, C. Firm Age, Ultimate Ownership, and R&D Investments [J]. International Review of Economics & Finance, 2019: 1 – 23.

[44] Felsenthal, D. S., & Machover, M. The Measurement of Voting Power [M]. Cheltenham: Edward Elgar, 1998.

[45] Ferris, S. P. , Jagannathan, M. , & Pritchard, A. C. Too Busy to Mind the Business? Monitoring by Directors with Multiple Board Appointments [J]. Journal of Finance, 2003, 58 (3): 1087 – 1111.

[46] Fich, E. M. , & Shivdasani, A. Are Busy Boards Effective Monitors. Journal of Finance, 2006, 61 (2): 689 – 724.

[47] Firth, M. A. , Rui, O. M. , & Wu, W. Cooking the Books: Recipes and Costs of Falsified Financial Statements in China [J]. Journal of Corporate Finance, 2011, 17 (2): 371 – 390.

[48] Firth, M. , Mo, P. L. L. , & Wong, R. M. K. Financial Statement Frauds and Auditor Sanctions: An Analysis of Enforcement Actions in China [J]. Journal of Business Ethics, 2005, 62 (4): 367 – 381.

[49] Frankel, R. , Kothari, S. P. , & Weber, J. P. Determinants of the Informativeness of Analyst Research [J]. Journal of Accounting and Economics, 2006, 41 (1): 29 – 54.

[50] Ghoul, S. E. , Guedhami, O. , Wang, H. , & Kwok, C. C. Y. Family Control and Corporate Social Responsibility [J]. Journal of Banking and Finance, 2016, 73 (12): 131 – 146.

[51] Gong, G. , Xu, S. , & Gong, X. Bond Covenants and the Cost of Debt: Evidence from China [J]. Emerging Markets Finance and Trade, 2017, 53 (3): 587 – 610.

[52] Gong, M. , Wang, Y. , & Yang, X. Do Independent Directors Restrain Controlling Shareholders' Tunneling? Evidence from a Natural Experiment in China [J]. Economic Modelling, 2021, 94: 548 – 559.

[53] Graham, J. R. , Li, S. , & Qiu, J. Corporate Misreporting and Bank Loan Contracting [J]. Journal of Financial Economics, 2008, 89 (1): 44 – 61.

[54] Guedes, J. C., & Loureiro, G. Estimating the Expropriation of Minority Shareholders: Results from a New Empirical Approach [J]. European Journal of Finance, 2006, 12 (5): 421 –448.

[55] Gugler, K., & Yurtoglu, B. B. Corporate Governance and Dividend Payout Policy in Germany [J]. European Economic Review, 2003, 47 (4): 731 –758.

[56] Hambrick, D. C., & Mason, P. A. Upper Echelons: The Organization as a Reflection of Its Top Managers [J]. Academy of Management Review, 1984, 9 (2): 193 –206.

[57] Hasan, I., Park, J. C., & Wu, Q. The Impact of Earnings Predictability on Bank Loan Contracting [J]. Journal of Business Finance & Accounting, 2012, 39: 1068 –1101.

[58] Hass, L. H., Tarsalewska, M., & Zhan, F. Equity Incentives and Corporate Fraud in China [J]. Journal of Business Ethics, 2016, 138 (4): 723 – 742.

[59] Hayek, C. C., & Atinc, G. Corporate Fraud: Does Board Composition Matter? Journal of Accounting and Finance, 2018, 18 (2): 10 –25.

[60] He, J., & Wang, M. The Origin of Corporate Control Power [Z]. 2024.

[61] He, J., Mao, X., Rui, O. M., & Zha, X. Business Groups in China. Journal of Corporate Finance, 2013, 22 (22): 166 –192.

[62] Hooy, G. -K., Hooy, C. -W., & Chee, H. -K. Ultimate Ownership, Control Mechanism, and Firm Performance: Evidence from Malaysian Firms [J]. Emerging Markets Finance and Trade, 2020, 56 (15): 3805 – 3828.

[63] Hope, O. -K., Lu, H., & Saiy, S. Director Compensation and Related Party Transactions [J]. Review of Accounting Studies, 2019, 24 (4):

1392 – 1426.

[64] Hribar, P. , & Jenkins, N. T. The Effect of Accounting Restatements on Earnings Revisions and the Estimated Cost of Capital [J]. Review of Accounting Studies, 2004, 9 (2): 337 – 356.

[65] Jia, C. , Ding, S. , Li, Y. , & Wu, Z. Fraud, Enforcement Action, and the Role of Corporate Governance: Evidence from China [J]. Journal of Business Ethics, 2009, 90 (4): 561 – 576.

[66] Jian, M. , & Wong, T. J. Propping through related party transactions [J]. Review of Accounting Studies, 2010, 15 (1): 70 – 105.

[67] Jiang, F. , & Kim, K. A. Corporate Governance in China: A Modern Perspective [J]. Journal of Corporate Finance, 2015, 32 (3): 190 – 216.

[68] Johnson, S. A. , Ryan, H. E. , & Tian, Y. S. Managerial Incentives and Corporate Fraud: The Sources of Incentives Matter [J]. Review of Finance, 2009, 13 (1): 115 – 145.

[69] Karpoff, J. M. , & Lott, J. R. The Reputational Penalty Firms Bear from Committing Criminal Fraud [J]. The Journal of Law and Economics, 1993, 36 (2): 757 – 802.

[70] Karpoff, J. M. , Lee, D. S. , & Martin, G. S. The Cost to Firms of Cooking the Books [J]. Journal of Financial and Quantitative Analysis, 2008, 43 (3): 581 – 611.

[71] Kato, T. , & Long, C. X. CEO Turnover, Firm Performance, and Corporate Governance in Chinese Listed Firms [J]. SSRN Electronic Journal, 2005.

[72] Kedia, S. , & Rajgopal, S. . Do the SEC's Enforcement Preferences Affect Corporate Misconduct? [J]. Journal of Accounting and Economics, 2011, 51 (3): 259 – 278.

[73] Khanna, V., Kim, E. H., & Lu, Y. CEO Connectedness and Corporate Fraud. Journal of Finance, 2015, 70 (3): 1203 – 1252.

[74] Kong, D., Xiang, J., Zhang, J., & Lu, Y. Politically Connected Independent Directors and Corporate Fraud in China [J]. Accounting and Finance, 2019, 58 (5): 1347 – 1383.

[75] La Porta, R., F. Lopez-de-Silanes, & A. Shleifer. Corporate Ownership Around the World [J]. The Journal of Finance, 1999, 54 (2): 471 – 517.

[76] Leech, D. The Relationship between Shareholding Concentration and Shareholder Voting Power in British Companies: A Study of the Application of Power Indices for Simple Games [J]. Management Science, 1988, 34: 509 – 527.

[77] Leech, D. An Empirical Comparison of the Performance of Classical Power Indices. Political Studies, 2002, 50 (1): 1 – 22.

[78] Lemmon, M. L., & Lins, K. V. Ownership Structure, Corporate Governance, and Firm Value: Evidence from the East Asian Financial Crisis [J]. Journal of Finance, 2003, 58 (4): 1445 – 1468.

[79] Lennox, C., & Pittman, J. A. Big Five Audits and Accounting Fraud [J]. Contemporary Accounting Research, 2010, 27 (1): 209 – 247.

[80] Liang, Q., Li, D., & Gao, W. Ultimate Ownership, Crash Risk, and Split Share Structure Reform in China [J]. Journal of Banking and Finance, 2020, 113 (4): 105751.

[81] Lin, C., Ma, Y., Malatesta, P., & Xuan, Y. Ownership Structure and the Cost of Corporate Borrowing [J]. Journal of Financial Economics, 2011, 100 (1): 1 – 23.

[82] Lin, C., Ma, Y., Malatesta, P., & Xuan, Y. Corporate Ownership Structure and Bank Loan Syndicate Structure [J]. Journal of Financial

Economics, 2012, 104 (1): 1 – 22.

[83] Lin, C., Ma, Y., Malatesta, P., & Xuan, Y. Corporate Ownership Structure and the Choice between Bank Debt and Public Debt [J]. Journal of Financial Economics, 2013a, 109 (2): 517 – 534.

[84] Lin, C., Song, F. M., & Sun, Z. Corporate Fraud, External Debt and Corporate Cash Policy [J]. Working Paper, 2013b.

[85] Lipton, M., & Lorsch, J. W. A Modest Proposal for Improved Corporate Governance. Business Lawyer, 1992, 48 (1): 59 – 77.

[86] Lisic, L. L., Silveri, S. (Dino), Song, Y., & Wang, K. Accounting Fraud, Auditing, and the Role of Government Sanctions in China. Journal of Business Research, 2015, 68 (6): 1186 – 1195.

[87] Markarian, G., & Santalo, J. Product Market Competition, Information and Earnings Management [J]. Journal of Business Finance & Accounting, 2014, 41 (5): 572 – 599.

[88] Maury, B., & Pajuste, A. Multiple Large Shareholders and Firm Value [J]. Journal of Banking and Finance, 2005, 29 (7): 1813 – 1834.

[89] Nenova, T. The Value of Corporate Voting Rights and Control: A Cross-country Analysis [J]. Journal of Financial Economics, 2003, 68 (3): 325 – 351.

[90] Paligorova, T., & Xu, Z. Complex Ownership and Capital Structure [J]. Journal of Corporate Finance, 2012, 18 (4): 701 – 716.

[91] Palmrose, Z. -V., Richardson, V. J., & Scholz, S. Determinants of Market Reactions to Restatement Announcements [J]. Journal of Accounting and Economics, 2004, 37 (1): 59 – 89.

[92] Pawlina, G., & Renneboog, L. Is Investment-cash Flow Sensitivity Caused by Agency Costs or Asymmetric Information? Evidence from the UK [J].

European Financial Management, 2005, 11 (4): 483 –513.

[93] Peng, W. Q. , Wei, K. C. J. , & Yang, Z. Tunneling or Propping: Evidence from Connected Transactions in China [J]. Journal of Corporate Finance, 2011, 17 (2): 306 –325.

[94] Portes, A. , & Sensenbrenner, J. Embeddedness and Immigration: Notes on the Social Determinants of Economic Action [J]. American Journal of Sociology, 1993, 98 (6): 93 –115.

[95] Salleh, S. M. , & Othman, R. Board of Director's Attributes as Deterrence to Corporate Fraud [J]. Procedia Economics and Finance, 2016, 35: 82 –91.

[96] Shapley, L. S. , & Shubik, M. A Method for Evaluating the Distribution of Power in a Committee System [J]. American Political Science Review, 1954, 48 (3): 787 –792.

[97] Shleifer, A. , & Vishny, R. W. A Survey of Corporate Governance [J]. Journal of Finance, 1997, 52 (2): 737 –783.

[98] Su, K. , Li, L. , & Wan, R. Ultimate Ownership, Risk-Taking and Firm Value: Evidence from China [J]. Asia Pacific Business Review, 2017, 23 (1): 10 –26.

[99] Su, K. , Wan, R. , & Li, B. Ultimate Ownership, Institutionality, and Capital Structure: Empirical Analyses of Chinese Data [J]. Chinese Management Studies, 2013, 7 (4): 557 –571.

[100] Tian, L. , & Estrin, S. Retained State Shareholding in Chinese PLCs: Does Government Ownership Always Reduce Corporate Value? [J]. Journal of Comparative Economics, 2008, 36 (1): 74 –89.

[101] Wang, H. , Shen, H. , Tang, X. , Wu, Z. , & Ma, S. Trade Policy Uncertainty and Firm Risk Taking [J]. Economic Analysis and Policy, 2021, 70: 351 –364.

[102] Wang, M. , He, J. , & Xu, P. Ultimate Control Rights and Corporate Fraud: Evidence from China [J]. Emerging Markets Finance and Trade, 2022, 58 (4): 1206 – 1213.

[103] Wang, P. , Wang, F. , & Hu, N. The Effect of Ultimate Ownership on the Disclosure of Environmental Information [J]. Australian Accounting Review, 2018, 28 (2): 186 – 198.

[104] Wang, R. Q. , Wang, F. J. , Xu, L. Y. , & Yuan, C. H. R&D Expenditures, Ultimate Ownership and Future Performance: Evidence from China [J]. Journal of Business Research, 2017, 71: 47 – 54.

[105] Wei, K. C. J. , & Zhang, Y. Ownership Structure, Cash Flow, and Capital investment: Evidence from East Asian Economies Before the Financial Crisis [J]. Journal of Corporate Finance, 2008, 14 (2): 118 – 132.

[106] Wiersema, M. , & Zhang, Y. CEO Dismissal: The Role of Investment Analysts [J]. Strategic Management Journal, 2011, 32 (11): 1160 – 1182.

[107] Wu, Y. , & Dong, B. The value of Independent Directors: Evidence from China [J]. Emerging Markets Review, 2020: 100763.

[108] Xiong, H. , Wu, Z. , Hou, F. , & Zhang, J. Which Firm-Specific Characteristics Affect the Market Reaction of Chinese Listed Companies to the COVID – 19 Pandemic? [J]. Emerging Markets Finance and Trade, 2020, 56 (10): 2231 – 2242.

[109] Yu, F. Analyst Coverage and Earnings Management [J]. Journal of Financial Economics, 2008, 88 (2): 245 – 271.

[110] Yuan, Q. , & Zhang, Y. The Real Effects of Corporate Fraud: Evidence from Class Action Lawsuits [J]. Accounting and Finance, 2016, 56 (3): 879 – 911.

［111］ Zhang, M. , Gong, G. , Xu, S. , & Gong, X. Corporate Fraud and Corporate Bond Costs: Evidence from China ［J］. Emerging Markets Finance and Trade, 2018, 54 (5): 1011 – 1046.

［112］ Zhou, T. , & Xie, J. Ultimate Ownership and Adjustment Speed Toward Target Capital Structures: Evidence from China ［J］. Emerging Markets Finance and Trade, 2016, 52 (8): 1956 – 1965.

后　记

根据《普通高等学校本科专业类教学质量国家标准》，"公司治理"课程是工商管理类本科专业的核心课程之一，而股权结构作为公司治理问题的逻辑起点，从根本上决定了公司所面临的代理问题。与西方股权高度分散的情况不同，中国上市公司股权相对集中，部分学者已经注意到了中国这种特殊的股权结构对上市公司违规行为的影响。然而，这些研究主要集中在第一大股东控制权对公司违规的影响上。事实上，按照公司治理理论，终极控制人才是上市公司真正的决策主体，公司第一大股东的行为是由终极控制人控制的。因此，从终极控制权的角度，可以更准确、更全面地分析股权结构对公司违规的影响。另外，终极控制权作为公司金融及公司治理的关键核心问题，其理论定义及测度方法的构建无疑是公司行为与其经济后果之间关系研究的重要基础。但学界普遍采用的由拉波塔（La Porta）等建立的关于这一问题的经典方法——WLP 方法，尽管具有简单、直接的特点，却由于其理论定义的模糊、含混，而存在着不可忽视的逻辑悖论与技术缺陷，不可避免地引起我们对其一系列后续研究结论的疑问。本书以政治学政治博弈视角下的夏普利权力指数方法为基础，构建了上市公司终极控制权新的测度方法，这使我们不必完全依赖于 WLP 度量，并帮助我们评估基于 WLP 的结论的稳健性，将夏普利权力指数应用于所有权和公司治理的实证研究中，这丰富并发展了控制权的相关文献。最后，在委托代理理论的分析框架下，本书将公司内外部治理机制纳入终极控制权与上市公司违规行为关系的研究中，将有助于拓展现有文献对公司治理机制如何影响终极控制权或上市公司违规行为的研究，从而揭示终极控制权影响上市公司违规行为的作用机制。

夏普利权力指数提供了关于拥有特定投票权的选民决定投票结果能力的衡量，不仅考虑了获胜所需的总体比例，而且还考虑了其他选民投票权的分配，这为控制权的衡量提供了自然的基础。基于此，本书在重新理解并定义公司控制权的理论内涵与测度工具的前提下，从终极控制人的角度，根据委托代理理论，考察终极控制权与公司违规行为的关系，及公司内外部治理机制对两者关系的调节作用。但由于数据的可得性，本书仅收集了 2013～2018 年的终极控制权数据，使得本书只能利用 2013～2018 年的数据来探讨终极控制权与公司违规的关系，随着时间的推移，我们将获得更多年份的终极控制权数据，大样本下所得结论的说服力将更强。另外，在计算终极控制权时，本书仅涉及了公司金字塔型控制结构中的两个层级，但从现实数据来看，处于第二控制层级的公司，其第一大股东实际控制权等于 1.0 的比例超过 90%，并且处于第三控制层级公司的所有权结构应该更加集中。因此，我们认为在两个控制层级展开的研究应该能够保证结论的基本稳健性。此外，本书的研究也未再考虑公司中股东一致行动人及多重控制链等问题，在以后的研究中，我们将进一步给予解决。最后，本书将公司违规按实施主体分为管理层违规和股东违规，并且发现终极控制权越大，终极所有者就越有能力和动机约束管理者的行为，从而减少管理层违规，实证检验了终极控制权的集中可以降低股东与经营层之间的第一类委托代理问题。关于股东违规，显然既包括终极控制人控制的第一大股东违规，也包括其他股东的违规，但是从数量上来说，其他股东的数量远远超过第一大股东的数量，所以"股东违规"实际上更大程度测量的是其他股东的违规，因此本书发现终极控制权的集中有利于抑制股东违规。但如果将股东违规划分为第一大股东违规和其他股东违规，将会更好地反映终极控制权对这两者的不同影响，但遗憾的是由于数据的可获得性问题，本书无法进行详细的区分。鉴于此，在未来的研究中有必要对股东违规进行区分，分别研究终极控制权对第一大股东违规和其他股东违规的影响，进一步验证终极控制权的集中对大股东与小股东之间的第二类委托代理问题的影响。

本书得到了西南财经大学何杰教授的悉心指导，在此向何老师表示诚挚的感谢！另外，虽然本书经过多次校对、反复推敲，但是限于水平，书中疏漏、不足之处在所难免，敬请各位老师、同学批评指正。在未来的研究中，我们将继续深入探讨这个领域的相关问题，并尝试提出更加系统和完整的解决方案。我相信，通过不断地努力和探索，我们一定能够取得更加优异的成绩！